幸運《こううん》を引《ひ》き寄《よ》せる

神秘《しんぴ》のムーンオラクル

著　者　キャロライン・スミス
　　　　ジョン・アストロップ

監訳者　鏡《かがみ》リュウジ

訳　者　宮田攝子《みやたせつこ》

発行所　株式会社 二見書房
〒101-8405
東京都千代田区神田三崎町2-18-11堀内三崎町ビル
電話　03(3515)2311［営業］
　　　03(3515)2313［編集］
振替　00170-4-2639

印刷所　株式会社 堀内印刷所
製本所　株式会社 村上製本所

ブックデザイン　河石真由美(有限会社CHIP)
DTP組版　有限会社CHIP

ISBN978-4-576-18191-2
https://www.futami.co.jp

THE MOON TABLES
2018－2032

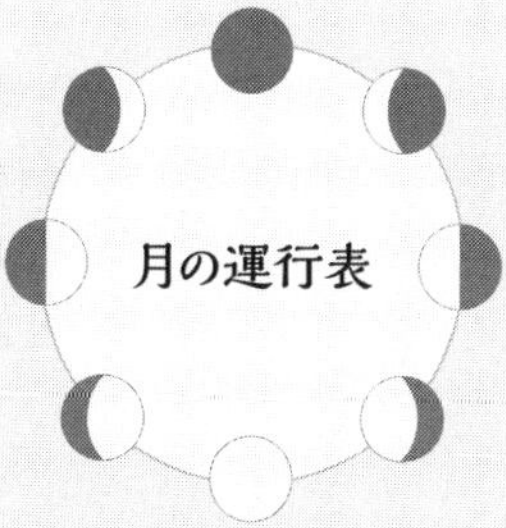

2018 年から 2032 年まで、約 3.5 日で変化する月相をまとめた運行表です。この月の運行表は、月相の変化のみにあわせてやや簡略化されているため、月星座の運行すべてを網羅しておりません。月の運行表の「星座 / エレメント」の欄で、星座がときどきひとつ抜けているのは、その月相の間に月星座が移行しているためです。占いをおこなう当日の正確な月星座など、詳しい月の運行表を知りたい方は、インターネットなどで「月星座カレンダー」を検索してください（訳者）。

	月相	年月日	時刻	星座／エレメント
1月	フル	2018/1/2	11:24	蟹座／水
	ディセミネイティング	2018/1/5	17:04	獅子座／火
	ラストクオーター	2018/1/9	7:26	天秤座／風
	バルサミック	2018/1/13	7:29	射手座／火
	ニュー／ブラック	2018/1/17	11:18	山羊座／地
	クレセント	2018/1/21	12:46	魚座／水
	ファーストクオーター	2018/1/25	7:21	牡牛座／地
	ギバウス	2018/1/28	17:12	双子座／風
	フル	2018/1/31	22:27	獅子座／火
2月	ディセミネイティング	2018/2/4	6:48	天秤座／風
	ラストクオーター	2018/2/8	0:54	蠍座／水
	バルサミック	2018/2/12	3:36	山羊座／地
	ニュー／ブラック	2018/2/16	6:06	水瓶座／風
	クレセント	2018/2/20	2:49	牡羊座／火
	ファーストクオーター	2018/2/23	17:10	双子座／風
	ギバウス	2018/2/27	2:17	蟹座／水
3月	フル	2018/3/2	9:52	乙女座／地
	ディセミネイティング	2018/3/5	22:13	天秤座／風
	ラストクオーター	2018/3/9	20:20	射手座／火
	バルサミック	2018/3/13	23:45	水瓶座／風
	ニュー／ブラック	2018/3/17	22:12	魚座／水
	クレセント	2018/3/21	13:21	牡牛座／地
	ファーストクオーター	2018/3/25	0:35	蟹座／水
	ギバウス	2018/3/28	10:30	獅子座／火
	フル	2018/3/31	21:36	天秤座／風
4月	ディセミネイティング	2018/4/4	14:47	蠍座／水
	ラストクオーター	2018/4/8	16:18	山羊座／地
	バルサミック	2018/4/12	18:00	魚座／水
	ニュー／ブラック	2018/4/16	10:58	牡羊座／火
	クレセント	2018/4/19	21:14	双子座／風
	ファーストクオーター	2018/4/23	6:46	獅子座／火
	ギバウス	2018/4/26	18:31	乙女座／地
	フル	2018/4/30	9:59	蠍座／水

	月相	年月日	時刻	星座／エレメント
5月	ディセミネイティング	2018/5/4	8：01	射手座／火
	ラストクオーター	2018/5/8	11：09	水瓶座／風
	バルサミック	2018/5/12	9：08	牡羊座／火
	ニュー／ブラック	2018/5/15	20：48	牡牛座／地
	クレセント	2018/5/19	3：41	蟹座／水
	ファーストクオーター	2018/5/22	12：50	乙女座／地
	ギバウス	2018/5/26	3：14	天秤座／風
	フル	2018/5/29	23：20	射手座／火
6月	ディセミネイティング	2018/6/3	1：09	山羊座／地
	ラストクオーター	2018/6/7	3：32	魚座／水
	バルサミック	2018/6/10	21：02	牡牛座／地
	ニュー／ブラック	2018/6/14	4：43	双子座／風
	クレセント	2018/6/17	9：53	獅子座／火
	ファーストクオーター	2018/6/20	19：51	乙女座／地
	ギバウス	2018/6/24	13：36	蠍座／水
	フル	2018/6/28	13：53	山羊座／地
7月	ディセミネイティング	2018/7/2	17：16	水瓶座／風
	ラストクオーター	2018/7/6	16：51	牡羊座／火
	バルサミック	2018/7/10	6：21	双子座／風
	ニュー／ブラック	2018/7/13	11：48	蟹座／水
	クレセント	2018/7/16	16：52	乙女座／地
	ファーストクオーター	2018/7/20	4：53	天秤座／風
	ギバウス	2018/7/24	2：23	射手座／火
	フル	2018/7/28	5：21	水瓶座／風
8月	ディセミネイティング	2018/8/1	7：31	魚座／水
	ラストクオーター	2018/8/5	3：18	牡牛座／地
	バルサミック	2018/8/8	14：01	蟹座／水
	ニュー／ブラック	2018/8/11	18：58	獅子座／火
	クレセント	2018/8/15	1：28	天秤座／風
	ファーストクオーター	2018/8/18	16：49	蠍座／水
	ギバウス	2018/8/22	17：49	山羊座／地
	フル	2018/8/26	20：57	魚座／水
	ディセミネイティング	2018/8/30	19：35	牡羊座／火

	月相	年月日	時刻	星座／エレメント
9月	ラストクオーター	2018/9/3	11:38	双子座／風
	バルサミック	2018/9/6	21:01	蟹座／水
	ニュー／ブラック	2018/9/10	3:02	乙女座／地
	クレセント	2018/9/13	12:36	蠍座／水
	ファーストクオーター	2018/9/17	8:15	射手座／火
	ギバウス	2018/9/21	11:25	水瓶座／風
	フル	2018/9/25	11:53	牡羊座／火
	ディセミネイティング	2018/9/29	5:47	牡牛座／地
10月	ラストクオーター	2018/10/2	18:46	蟹座／水
	バルサミック	2018/10/6	4:09	獅子座／火
	ニュー／ブラック	2018/10/9	12:47	天秤座／風
	クレセント	2018/10/13	2:59	射手座／火
	ファーストクオーター	2018/10/17	3:02	山羊座／地
	ギバウス	2018/10/21	5:58	魚座／水
	フル	2018/10/25	1:46	牡牛座／地
	ディセミネイティング	2018/10/28	14:52	双子座／風
	ラストクオーター	2018/10/31	1:40	獅子座／火
11月	バルサミック	2018/11/4	12:15	乙女座／地
	ニュー／ブラック	2018/11/8	1:01	蠍座／水
	クレセント	2018/11/11	20:48	山羊座／地
	ファーストクオーター	2018/11/15	23:55	水瓶座／風
	ギバウス	2018/11/20	0:07	牡羊座／火
	フル	2018/11/23	14:40	双子座／風
	ディセミネイティング	2018/11/26	23:43	蟹座／水
	ラストクオーター	2018/11/30	9:19	乙女座／地
12月	バルサミック	2018/12/3	22:19	天秤座／風
	ニュー／ブラック	2018/12/7	16:21	射手座／火
	クレセント	2018/12/11	17:13	水瓶座／風
	ファーストクオーター	2018/12/15	20:50	魚座／水
	ギバウス	2018/12/19	16:53	牡牛座／地
	フル	2018/12/23	2:49	蟹座／水
	ディセミネイティング	2018/12/26	9:00	獅子座／火
	ラストクオーター	2018/12/29	18:35	天秤座／風

	月相	年月日	時刻	星座 / エレメント
1月	バルサミック	2019/1/2	11:07	蠍座/水
	ニュー/ブラック	2019/1/6	10:29	山羊座/地
	クレセント	2019/1/10	14:12	魚座/水
	ファーストクオーター	2019/1/14	15:46	牡羊座/火
	ギバウス	2019/1/18	7:35	双子座/風
	フル	2019/1/21	14:17	獅子座/火
	ディセミネイティング	2019/1/24	19:08	乙女座/地
	ラストクオーター	2019/1/28	6:11	蠍座/水
2月	バルサミック	2019/2/1	3:00	射手座/火
	ニュー/ブラック	2019/2/5	6:04	水瓶座/風
	クレセント	2019/2/9	9:27	牡羊座/火
	ファーストクオーター	2019/2/13	7:27	牡牛座/地
	ギバウス	2019/2/16	19:53	蟹座/水
	フル	2019/2/20	0:53	乙女座/地
	ディセミネイティング	2019/2/23	6:18	天秤座/風
	ラストクオーター	2019/2/26	20:28	射手座/火
3月	バルサミック	2019/3/2	21:14	山羊座/地
	ニュー/ブラック	2019/3/7	1:04	魚座/水
	クレセント	2019/3/11	1:24	牡牛座/地
	ファーストクオーター	2019/3/14	19:28	双子座/風
	ギバウス	2019/3/18	5:37	獅子座/火
	フル	2019/3/21	10:43	天秤座/風
	ディセミネイティング	2019/3/24	18:43	蠍座/水
	ラストクオーター	2019/3/28	13:10	山羊座/地
4月	バルサミック	2019/4/1	16:15	水瓶座/風
	ニュー/ブラック	2019/4/5	17:51	牡羊座/火
	クレセント	2019/4/9	13:42	双子座/風
	ファーストクオーター	2019/4/13	4:06	蟹座/水
	ギバウス	2019/4/16	13:09	乙女座/地
	フル	2019/4/19	20:13	天秤座/風
	ディセミネイティング	2019/4/23	8:35	射手座/火
	ラストクオーター	2019/4/27	7:19	水瓶座/風
5月	バルサミック	2019/5/1	10:18	魚座/水

	月相	年月日	時刻	星座／エレメント
5月	ニュー／ブラック	2019/5/5	7：46	牡牛座／地
	クレセント	2019/5/8	22：51	蟹座／水
	ファーストクオーター	2019/5/12	10：13	獅子座／火
	ギバウス	2019/5/15	19：30	天秤座／風
	フル	2019/5/19	6：12	蠍座／水
	ディセミネイティング	2019/5/22	23：53	山羊座／地
	ラストクオーター	2019/5/27	1：34	魚座／水
	バルサミック	2019/5/31	2：22	牡羊座／火
6月	ニュー／ブラック	2019/6/3	19：02	双子座／風
	クレセント	2019/6/7	5：43	獅子座／火
	ファーストクオーター	2019/6/10	15：00	乙女座／地
	ギバウス	2019/6/14	1：57	蠍座／水
	フル	2019/6/17	17：31	射手座／火
	ディセミネイティング	2019/6/21	16：07	水瓶座／風
	ラストクオーター	2019/6/25	18：47	牡羊座／火
	バルサミック	2019/6/29	16：12	牡牛座／地
7月	ニュー／ブラック	2019/7/3	4：17	蟹座／水
	クレセント	2019/7/6	11：24	獅子座／火
	ファーストクオーター	2019/7/9	19：55	天秤座／風
	ギバウス	2019/7/13	9：58	射手座／火
	フル	2019/7/17	6：39	山羊座／地
	ディセミネイティング	2019/7/21	8：34	魚座／水
	ラストクオーター	2019/7/25	10：18	牡牛座／地
	バルサミック	2019/7/29	3：59	双子座／風
8月	ニュー／ブラック	2019/8/1	12：11	獅子座／火
	クレセント	2019/8/4	17：07	乙女座／地
	ファーストクオーター	2019/8/8	2：31	蠍座／水
	ギバウス	2019/8/11	20：39	山羊座／地
	フル	2019/8/15	21：30	水瓶座／風
	ディセミネイティング	2019/8/20	0：28	牡羊座／火
	ラストクオーター	2019/8/23	23：57	双子座／風
	バルサミック	2019/8/27	14：06	蟹座／水
	ニュー／ブラック	2019/8/30	19：38	乙女座／地

	月相	年月日	時刻	星座 / エレメント
9月	クレセント	2019/9/3	0:06	天秤座／風
	ファーストクオーター	2019/9/6	12:11	射手座／火
	ギバウス	2019/9/10	10:33	水瓶座／風
	フル	2019/9/14	13:33	魚座／水
	ディセミネイティング	2019/9/18	15:20	牡牛座／地
	ラストクオーター	2019/9/22	11:40	双子座／風
	バルサミック	2019/9/25	22:56	獅子座／火
	ニュー／ブラック	2019/9/29	3:27	天秤座／風
10月	クレセント	2019/10/2	9:40	蠍座／水
	ファーストクオーター	2019/10/6	1:48	山羊座／地
	ギバウス	2019/10/10	3:28	魚座／水
	フル	2019/10/14	6:08	牡羊座／火
	ディセミネイティング	2019/10/18	4:52	双子座／風
	ラストクオーター	2019/10/21	21:40	蟹座／水
	バルサミック	2019/10/25	7:02	乙女座／地
	ニュー／ブラック	2019/10/28	12:38	蠍座／水
	クレセント	2019/10/31	22:42	射手座／火
11月	ファーストクオーター	2019/11/4	19:24	水瓶座／風
	ギバウス	2019/11/8	22:30	牡羊座／火
	フル	2019/11/12	22:35	牡牛座／地
	ディセミネイティング	2019/11/16	16:55	蟹座／水
	ラストクオーター	2019/11/20	6:11	獅子座／火
	バルサミック	2019/11/23	15:14	天秤座／風
	ニュー／ブラック	2019/11/27	0:05	射手座／火
	クレセント	2019/11/30	15:25	山羊座／地
12月	ファーストクオーター	2019/12/4	15:59	魚座／水
	ギバウス	2019/12/8	18:24	牡牛座／地
	フル	2019/12/12	14:13	双子座／風
	ディセミネイティング	2019/12/16	3:32	獅子座／火
	ラストクオーター	2019/12/19	13:58	乙女座／地
	バルサミック	2019/12/23	0:26	蠍座／水
	ニュー／ブラック	2019/12/26	14:13	山羊座／地
	クレセント	2019/12/30	10:58	水瓶座／風

	月相	年月日	時刻	星座 / エレメント
1月	ファーストクオーター	2020/1/3	13:46	牡羊座/火
	ギバウス	2020/1/7	13:40	双子座/風
	フル	2020/1/11	4:22	蟹座/水
	ディセミネイティング	2020/1/14	13:00	乙女座/地
	ラストクオーター	2020/1/17	21:59	天秤座/風
	バルサミック	2020/1/21	11:29	射手座/火
	ニュー/ブラック	2020/1/25	6:42	水瓶座/風
	クレセント	2020/1/29	7:39	魚座/水
2月	ファーストクオーター	2020/2/2	10:42	牡牛座/地
	ギバウス	2020/2/6	6:49	蟹座/水
	フル	2020/2/9	16:33	獅子座/火
	ディセミネイティング	2020/2/12	21:57	天秤座/風
	ラストクオーター	2020/2/16	7:18	蠍座/水
	バルサミック	2020/2/20	0:45	山羊座/地
	ニュー/ブラック	2020/2/24	0:32	魚座/水
	クレセント	2020/2/28	3:38	牡羊座/火
3月	ファーストクオーター	2020/3/3	4:58	双子座/風
	ギバウス	2020/3/6	20:48	獅子座/火
	フル	2020/3/10	2:48	乙女座/地
	ディセミネイティング	2020/3/13	7:05	蠍座/水
	ラストクオーター	2020/3/16	18:35	射手座/火
	バルサミック	2020/3/20	15:58	水瓶座/風
	ニュー/ブラック	2020/3/24	18:29	牡羊座/火
	クレセント	2020/3/28	21:19	牡牛座/地
4月	ファーストクオーター	2020/4/1	19:22	蟹座/水
	ギバウス	2020/4/5	7:18	乙女座/地
	フル	2020/4/8	11:36	天秤座/風
	ディセミネイティング	2020/4/11	17:06	射手座/火
	ラストクオーター	2020/4/15	7:57	山羊座/地
	バルサミック	2020/4/19	8:24	魚座/水
	ニュー/ブラック	2020/4/23	11:26	牡牛座/地
	クレセント	2020/4/27	11:46	双子座/風
5月	ファーストクオーター	2020/5/1	5:39	獅子座/火

	月相	年月日	時刻	星座／エレメント
5月	ギバウス	2020/5/4	14:56	乙女座／地
	フル	2020/5/7	19:45	蠍座／水
	ディセミネイティング	2020/5/11	4:24	山羊座／地
	ラストクオーター	2020/5/14	23:03	水瓶座／風
	バルサミック	2020/5/19	1:16	牡羊座／火
	ニュー／ブラック	2020/5/23	2:39	双子座／風
	クレセント	2020/5/26	22:45	蟹座／水
	ファーストクオーター	2020/5/30	12:30	乙女座／地
6月	ギバウス	2020/6/2	20:50	天秤座／風
	フル	2020/6/6	4:13	射手座／火
	ディセミネイティング	2020/6/9	17:10	水瓶座／風
	ラストクオーター	2020/6/13	15:24	魚座／水
	バルサミック	2020/6/17	17:51	牡牛座／地
	ニュー／ブラック	2020/6/21	15:42	蟹座／水
	クレセント	2020/6/25	6:42	獅子座／火
	ファーストクオーター	2020/6/28	17:16	天秤座／風
7月	ギバウス	2020/7/2	2:26	蠍座／水
	フル	2020/7/5	13:44	山羊座／地
	ディセミネイティング	2020/7/9	7:26	魚座／水
	ラストクオーター	2020/7/13	8:29	牡羊座／火
	バルサミック	2020/7/17	9:32	双子座／風
	ニュー／ブラック	2020/7/21	2:33	蟹座／水
	クレセント	2020/7/24	12:42	乙女座／地
	ファーストクオーター	2020/7/27	21:33	蠍座／水
	ギバウス	2020/7/31	9:02	射手座／火
8月	フル	2020/8/4	0:59	水瓶座／風
	ディセミネイティング	2020/8/7	23:07	牡羊座／火
	ラストクオーター	2020/8/12	1:45	牡牛座／地
	バルサミック	2020/8/15	23:48	蟹座／水
	ニュー／ブラック	2020/8/19	11:41	獅子座／火
	クレセント	2020/8/22	18:14	天秤座／風
	ファーストクオーター	2020/8/26	2:58	射手座／火
	ギバウス	2020/8/29	17:47	山羊座／地

	月相	年月日	時刻	星座／エレメント
9月	フル	2020/9/2	14:22	魚座／水
	ディセミネイティング	2020/9/6	16:00	牡羊座／火
	ラストクオーター	2020/9/10	18:26	双子座／風
	バルサミック	2020/9/14	12:24	獅子座／火
	ニュー／ブラック	2020/9/17	20:00	乙女座／地
	クレセント	2020/9/21	0:44	蠍座／水
	ファーストクオーター	2020/9/24	10:55	山羊座／地
	ギバウス	2020/9/28	5:33	水瓶座／風
10月	フル	2020/10/2	6:06	牡羊座／火
	ディセミネイティング	2020/10/6	9:26	牡牛座／地
	ラストクオーター	2020/10/10	9:40	蟹座／水
	バルサミック	2020/10/13	23:29	乙女座／地
	ニュー／ブラック	2020/10/17	4:31	天秤座／風
	クレセント	2020/10/20	9:29	射手座／火
	ファーストクオーター	2020/10/23	22:23	水瓶座／風
	ギバウス	2020/10/27	20:48	魚座／水
	フル	2020/10/31	23:50	牡牛座／地
11月	ディセミネイティング	2020/11/5	2:20	双子座／風
	ラストクオーター	2020/11/8	22:47	獅子座／火
	バルサミック	2020/11/12	9:26	天秤座／風
	ニュー／ブラック	2020/11/15	14:07	蠍座／水
	クレセント	2020/11/18	21:13	山羊座／地
	ファーストクオーター	2020/11/22	13:45	魚座／水
	ギバウス	2020/11/26	15:20	牡羊座／火
	フル	2020/11/30	18:30	双子座／風
12月	ディセミネイティング	2020/12/4	17:28	蟹座／水
	ラストクオーター	2020/12/8	9:36	乙女座／地
	バルサミック	2020/12/11	18:51	蠍座／水
	ニュー／ブラック	2020/12/15	1:17	射手座／火
	クレセント	2020/12/18	12:02	水瓶座／風
	ファーストクオーター	2020/12/22	8:42	牡羊座／火
	ギバウス	2020/12/26	12:03	牡牛座／地
	フル	2020/12/30	12:29	蟹座／水

	月相	年月日	時刻	星座／エレメント
1月	ディセミネイティング	2021/1/3	6:07	獅子座／火
	ラストクオーター	2021/1/6	18:37	天秤座／風
	バルサミック	2021/1/10	4:12	射手座／火
	ニュー／ブラック	2021/1/13	14:01	山羊座／地
	クレセント	2021/1/17	5:30	魚座／水
	ファーストクオーター	2021/1/21	6:02	牡牛座／地
	ギバウス	2021/1/25	8:54	双子座／風
	フル	2021/1/29	4:16	獅子座／火
2月	ディセミネイティング	2021/2/1	16:26	乙女座／地
	ラストクオーター	2021/2/5	2:37	蠍座／水
	バルサミック	2021/2/8	13:55	山羊座／地
	ニュー／ブラック	2021/2/12	4:06	水瓶座／風
	クレセント	2021/2/16	0:40	牡羊座／火
	ファーストクオーター	2021/2/20	3:48	双子座／風
	ギバウス	2021/2/24	3:41	蟹座／水
	フル	2021/2/27	17:18	乙女座／地
3月	ディセミネイティング	2021/3/3	1:11	天秤座／風
	ラストクオーター	2021/3/6	10:30	射手座／火
	バルサミック	2021/3/10	0:26	水瓶座／風
	ニュー／ブラック	2021/3/13	19:22	魚座／水
	クレセント	2021/3/17	20:21	牡牛座／地
	ファーストクオーター	2021/3/21	23:41	蟹座／水
	ギバウス	2021/3/25	19:00	獅子座／火
	フル	2021/3/29	3:48	天秤座／風
4月	ディセミネイティング	2021/4/1	9:14	蠍座／水
	ラストクオーター	2021/4/4	19:02	山羊座／地
	バルサミック	2021/4/8	12:09	魚座／水
	ニュー／ブラック	2021/4/12	11:31	牡羊座／火
	クレセント	2021/4/16	14:58	双子座／風
	ファーストクオーター	2021/4/20	15:59	獅子座／火
	ギバウス	2021/4/24	6:44	乙女座／地
	フル	2021/4/27	12:31	蠍座／水
	ディセミネイティング	2021/4/30	17:23	射手座／火

	月相	年月日	時刻	星座／エレメント
5月	ラストクオーター	2021/5/4	4:50	水瓶座／風
	バルサミック	2021/5/8	1:28	牡羊座／火
	ニュー／ブラック	2021/5/12	4:00	牡牛座／地
	クレセント	2021/5/16	7:04	蟹座／水
	ファーストクオーター	2021/5/20	4:13	獅子座／火
	ギバウス	2021/5/23	15:30	天秤座／風
	フル	2021/5/26	20:14	射手座／火
	ディセミネイティング	2021/5/30	2:08	山羊座／地
6月	ラストクオーター	2021/6/2	16:25	魚座／水
	バルサミック	2021/6/6	16:26	牡牛座／地
	ニュー／ブラック	2021/6/10	19:53	双子座／風
	クレセント	2021/6/14	19:54	獅子座／火
	ファーストクオーター	2021/6/18	12:55	乙女座／地
	ギバウス	2021/6/21	22:16	蠍座／水
	フル	2021/6/25	3:39	山羊座／地
	ディセミネイティング	2021/6/28	12:07	水瓶座／風
	ラストクオーター	2021/7/2	6:11	牡羊座／火
	バルサミック	2021/7/6	8:40	牡牛座／地
7月	ニュー／ブラック	2021/7/10	10:17	蟹座／水
	クレセント	2021/7/14	5:41	乙女座／地
	ファーストクオーター	2021/7/17	19:11	天秤座／風
	ギバウス	2021/7/21	4:06	射手座／火
	フル	2021/7/24	11:37	水瓶座／風
	ディセミネイティング	2021/7/28	0:01	魚座／水
	ラストクオーター	2021/7/31	22:16	牡牛座／地
8月	バルサミック	2021/8/5	1:19	双子座／風
	ニュー／ブラック	2021/8/8	22:51	獅子座／火
	クレセント	2021/8/12	13:19	天秤座／風
	ファーストクオーター	2021/8/16	0:20	蠍座／水
	ギバウス	2021/8/19	10:03	山羊座／地
	フル	2021/8/22	21:02	水瓶座／風
	ディセミネイティング	2021/8/26	14:27	牡羊座／火
	ラストクオーター	2021/8/30	16:14	双子座／風

	月相	年月日	時刻	星座／エレメント
9月	バルサミック	2021/9/3	17:29	蟹座／水
	ニュー／ブラック	2021/9/7	9:52	乙女座／地
	クレセント	2021/9/10	20:04	蠍座／水
	ファーストクオーター	2021/9/14	5:40	射手座／火
	ギバウス	2021/9/17	17:19	水瓶座／風
	フル	2021/9/21	8:55	魚座／水
	ディセミネイティング	2021/9/25	7:33	牡牛座／地
	ラストクオーター	2021/9/29	10:58	蟹座／水
10月	バルサミック	2021/10/3	8:35	獅子座／火
	ニュー／ブラック	2021/10/6	20:06	天秤座／風
	クレセント	2021/10/10	3:08	射手座／火
	ファーストクオーター	2021/10/13	12:26	山羊座／地
	ギバウス	2021/10/17	3:06	魚座／水
	フル	2021/10/20	23:57	牡羊座／火
	ディセミネイティング	2021/10/25	2:33	双子座／風
	ラストクオーター	2021/10/29	5:06	獅子座／火
11月	バルサミック	2021/11/1	22:29	乙女座／地
	ニュー／ブラック	2021/11/5	6:15	蠍座／水
	クレセント	2021/11/8	11:32	山羊座／地
	ファーストクオーター	2021/11/11	21:46	水瓶座／風
	ギバウス	2021/11/15	16:28	牡羊座／火
	フル	2021/11/19	17:58	牡牛座／地
	ディセミネイティング	2021/11/23	21:51	蟹座／水
	ラストクオーター	2021/11/27	21:28	乙女座／地
12月	バルサミック	2021/12/1	11:08	天秤座／風
	ニュー／ブラック	2021/12/4	16:43	射手座／火
	クレセント	2021/12/7	21:51	水瓶座／風
	ファーストクオーター	2021/12/11	10:36	魚座／水
	ギバウス	2021/12/15	9:41	牡牛座／地
	フル	2021/12/19	13:36	双子座／風
	ディセミネイティング	2021/12/23	15:37	獅子座／火
	ラストクオーター	2021/12/27	11:24	天秤座／風
	バルサミック	2021/12/30	22:29	蠍座／水

	月相	年月日	時刻	星座／エレメント
1月	ニュー／ブラック	2022/1/3	3:33	山羊座／地
	クレセント	2022/1/6	10:27	魚座／水
	ファーストクオーター	2022/1/10	3:12	牡羊座／火
	ギバウス	2022/1/14	5:45	双子座／風
	フル	2022/1/18	8:49	蟹座／水
	ディセミネイティング	2022/1/22	6:42	乙女座／地
	ラストクオーター	2022/1/25	22:40	蠍座／水
	バルサミック	2022/1/29	8:23	射手座／火
2月	ニュー／ブラック	2022/2/1	14:45	水瓶座／風
	クレセント	2022/2/5	1:26	牡羊座／火
	ファーストクオーター	2022/2/8	22:50	牡牛座／地
	ギバウス	2022/2/13	2:34	蟹座／水
	フル	2022/2/17	1:57	獅子座／火
	ディセミネイティング	2022/2/20	18:50	天秤座／風
	ラストクオーター	2022/2/24	7:32	射手座／火
	バルサミック	2022/2/27	17:06	山羊座／地
3月	ニュー／ブラック	2022/3/3	2:35	魚座／水
	クレセント	2022/3/6	18:30	牡牛座／地
	ファーストクオーター	2022/3/10	19:46	双子座／風
	ギバウス	2022/3/14	21:57	獅子座／火
	フル	2022/3/18	16:18	乙女座／地
	ディセミネイティング	2022/3/22	4:25	蠍座／水
	ラストクオーター	2022/3/25	14:38	山羊座／地
	バルサミック	2022/3/29	1:20	水瓶座／風
4月	ニュー／ブラック	2022/4/1	15:25	牡羊座／火
	クレセント	2022/4/5	12:46	双子座／風
	ファーストクオーター	2022/4/9	15:48	蟹座／水
	ギバウス	2022/4/13	14:34	乙女座／地
	フル	2022/4/17	3:55	天秤座／風
	ディセミネイティング	2022/4/20	12:05	射手座／火
	ラストクオーター	2022/4/23	20:56	水瓶座／風
	バルサミック	2022/4/27	10:10	魚座／水
5月	ニュー／ブラック	2022/5/1	5:28	牡牛座／地

	月相	年月日	時刻	星座 / エレメント
5月	クレセント	2022/5/5	6:54	双子座／風
	ファーストクオーター	2022/5/9	9:22	獅子座／火
	ギバウス	2022/5/13	4:05	天秤座／風
	フル	2022/5/16	13:15	蠍座／水
	ディセミネイティング	2022/5/19	18:42	山羊座／地
	ラストクオーター	2022/5/23	3:43	魚座／水
	バルサミック	2022/5/26	20:36	牡羊座／火
	ニュー／ブラック	2022/5/30	20:31	双子座／風
6月	クレセント	2022/6/3	23:37	蟹座／水
	ファーストクオーター	2022/6/7	23:49	乙女座／地
	ギバウス	2022/6/11	14:44	蠍座／水
	フル	2022/6/14	20:51	射手座／火
	ディセミネイティング	2022/6/18	1:16	水瓶座／風
	ラストクオーター	2022/6/21	12:10	魚座／水
	バルサミック	2022/6/25	9:10	牡牛座／地
	ニュー／ブラック	2022/6/29	11:53	蟹座／水
7月	クレセント	2022/7/3	14:12	獅子座／火
	ファーストクオーター	2022/7/7	11:15	天秤座／風
	ギバウス	2022/7/10	23:03	射手座／火
	フル	2022/7/14	3:38	山羊座／地
	ディセミネイティング	2022/7/17	8:56	魚座／水
	ラストクオーター	2022/7/20	23:19	牡羊座／火
	バルサミック	2022/7/24	23:53	双子座／風
	ニュー／ブラック	2022/7/29	2:55	獅子座／火
8月	クレセント	2022/8/2	2:33	乙女座／地
	ファーストクオーター	2022/8/5	20:07	蠍座／水
	ギバウス	2022/8/9	5:45	山羊座／地
	フル	2022/8/12	10:36	水瓶座／風
	ディセミネイティング	2022/8/15	18:52	牡羊座／火
	ラストクオーター	2022/8/19	13:36	牡牛座／地
	バルサミック	2022/8/23	16:15	蟹座／水
	ニュー／ブラック	2022/8/27	17:17	乙女座／地
	クレセント	2022/8/31	12:58	天秤座／風

	月相	年月日	時刻	星座／エレメント
9月	ファーストクオーター	2022/9/4	3：08	射手座／火
	ギバウス	2022/9/7	11：51	山羊座／地
	フル	2022/9/10	18：59	魚座／水
	ディセミネイティング	2022/9/14	7：55	牡牛座／地
	ラストクオーター	2022/9/18	6：52	双子座／風
	バルサミック	2022/9/22	9：34	獅子座／火
	ニュー／ブラック	2022/9/26	6：55	天秤座／風
	クレセント	2022/9/29	22：00	蠍座／水
10月	ファーストクオーター	2022/10/3	9：14	山羊座／地
	ギバウス	2022/10/6	18：37	水瓶座／風
	フル	2022/10/10	5：55	牡羊座／火
	ディセミネイティング	2022/10/14	0：19	双子座／風
	ラストクオーター	2022/10/18	2：15	蟹座／水
	バルサミック	2022/10/22	3：07	乙女座／地
	ニュー／ブラック	2022/10/25	19：49	蠍座／水
	クレセント	2022/10/29	6：20	射手座／火
11月	ファーストクオーター	2022/11/1	15：36	水瓶座／風
	ギバウス	2022/11/5	3：22	魚座／水
	フル	2022/11/8	20：03	牡牛座／地
	ディセミネイティング	2022/11/12	19：23	蟹座／水
	ラストクオーター	2022/11/16	22：27	獅子座／火
	バルサミック	2022/11/20	20：08	天秤座／風
	ニュー／ブラック	2022/11/24	7：58	射手座／火
	クレセント	2022/11/27	14：41	山羊座／地
	ファーストクオーター	2022/11/30	23：37	魚座／水
12月	ギバウス	2022/12/4	15：08	牡羊座／火
	フル	2022/12/8	13：09	双子座／風
	ディセミネイティング	2022/12/12	15：41	獅子座／火
	ラストクオーター	2022/12/16	17：56	乙女座／地
	バルサミック	2022/12/20	11：40	蠍座／水
	ニュー／ブラック	2022/12/23	19：17	山羊座／地
	クレセント	2022/12/26	23：55	水瓶座／風
	ファーストクオーター	2022/12/30	10：21	牡羊座／火

	月相	年月日	時刻	星座／エレメント
1月	ギバウス	2023/1/3	6:17	牡牛座／地
	フル	2023/1/7	8:08	蟹座／水
	ディセミネイティング	2023/1/11	11:28	乙女座／地
	ラストクオーター	2023/1/15	11:11	天秤座／風
	バルサミック	2023/1/19	0:56	射手座／火
	ニュー／ブラック	2023/1/22	5:54	水瓶座／風
	クレセント	2023/1/25	10:42	魚座／水
	ファーストクオーター	2023/1/29	0:19	牡牛座／地
2月	ギバウス	2023/2/2	0:08	双子座／風
	フル	2023/2/6	3:29	獅子座／火
	ディセミネイティング	2023/2/10	5:08	天秤座／風
	ラストクオーター	2023/2/14	1:01	蠍座／水
	バルサミック	2023/2/17	11:34	山羊座／地
	ニュー／ブラック	2023/2/20	16:05	魚座／水
	クレセント	2023/2/23	23:28	牡羊座／火
	ファーストクオーター	2023/2/27	17:06	双子座／風
3月	ギバウス	2023/3/3	19:20	蟹座／水
	フル	2023/3/7	21:41	乙女座／地
	ディセミネイティング	2023/3/11	19:33	蠍座／水
	ラストクオーター	2023/3/15	11:09	射手座／火
	バルサミック	2023/3/18	19:58	水瓶座／風
	ニュー／ブラック	2023/3/22	2:23	牡羊座／火
	クレセント	2023/3/25	13:59	牡牛座／地
	ファーストクオーター	2023/3/29	11:33	蟹座／水
4月	ギバウス	2023/4/2	14:24	獅子座／火
	フル	2023/4/6	13:34	天秤座／風
	ディセミネイティング	2023/4/10	6:25	射手座／火
	ラストクオーター	2023/4/13	18:11	山羊座／地
	バルサミック	2023/4/17	3:08	魚座／水
	ニュー／ブラック	2023/4/20	13:13	牡羊座／火
	クレセント	2023/4/24	5:43	双子座／風
	ファーストクオーター	2023/4/28	6:20	獅子座／火
5月	ギバウス	2023/5/2	8:01	乙女座／地

	月相	年月日	時刻	星座／エレメント
5月	フル	2023/5/6	2：34	蠍座／水
	ディセミネイティング	2023/5/9	14：12	山羊座／地
	ラストクオーター	2023/5/12	23：29	水瓶座／風
	バルサミック	2023/5/16	10：11	牡羊座／火
	ニュー／ブラック	2023/5/20	0：54	牡牛座／地
	クレセント	2023/5/23	22：01	蟹座／水
	ファーストクオーター	2023/5/28	0：23	乙女座／地
	ギバウス	2023/5/31	23：19	天秤座／風
6月	フル	2023/6/4	12：41	射手座／火
	ディセミネイティング	2023/6/7	20：06	水瓶座／風
	ラストクオーター	2023/6/11	4：31	魚座／水
	バルサミック	2023/6/14	18：13	牡牛座／地
	ニュー／ブラック	2023/6/18	13：37	双子座／風
	クレセント	2023/6/22	14：23	獅子座／火
	ファーストクオーター	2023/6/26	16：50	天秤座／風
	ギバウス	2023/6/30	11：56	蠍座／水
7月	フル	2023/7/3	20：39	山羊座／地
	ディセミネイティング	2023/7/7	1：31	水瓶座／風
	ラストクオーター	2023/7/10	10：48	牡羊座／火
	バルサミック	2023/7/14	4：06	双子座／風
	ニュー／ブラック	2023/7/18	3：32	蟹座／水
	クレセント	2023/7/22	6：21	乙女座／地
	ファーストクオーター	2023/7/26	7：07	蠍座／水
	ギバウス	2023/7/29	22：02	射手座／火
8月	フル	2023/8/2	3：32	水瓶座／風
	ディセミネイティング	2023/8/5	7：54	魚座／水
	ラストクオーター	2023/8/8	19：29	牡牛座／地
	バルサミック	2023/8/12	16：28	蟹座／水
	ニュー／ブラック	2023/8/16	18：39	獅子座／火
	クレセント	2023/8/20	21：24	天秤座／風
	ファーストクオーター	2023/8/24	18：58	射手座／火
	ギバウス	2023/8/28	6：19	山羊座／地
	フル	2023/8/31	10：35	魚座／水

	月相	年月日	時刻	星座／エレメント
9月	ディセミネイティング	2023/9/3	16：27	牡羊座／火
	ラストクオーター	2023/9/7	7：21	双子座／風
	バルサミック	2023/9/11	7：34	獅子座／火
	ニュー／ブラック	2023/9/15	10：40	乙女座／地
	クレセント	2023/9/19	11：01	蠍座／水
	ファーストクオーター	2023/9/23	4：32	射手座／火
	ギバウス	2023/9/26	13：44	水瓶座／火
	フル	2023/9/29	18：58	牡羊座／火
10月	ディセミネイティング	2023/10/3	4：00	牡牛座／地
	ラストクオーター	2023/10/6	22：48	蟹座／水
	バルサミック	2023/10/11	1：17	乙女座／地
	ニュー／ブラック	2023/10/15	2：55	天秤座／風
	クレセント	2023/10/18	22：49	射手座／火
	ファーストクオーター	2023/10/22	12：30	山羊座／地
	ギバウス	2023/10/25	21：21	魚座／水
	フル	2023/10/29	5：24	牡牛座／地
11月	ディセミネイティング	2023/11/1	18：49	双子座／風
	ラストクオーター	2023/11/5	17：37	獅子座／火
	バルサミック	2023/11/9	20：44	天秤座／風
	ニュー／ブラック	2023/11/13	18：28	蠍座／水
	クレセント	2023/11/17	8：58	山羊座／地
	ファーストクオーター	2023/11/20	19：50	水瓶座／風
	ギバウス	2023/11/24	6：02	牡羊座／火
	フル	2023/11/27	18：17	双子座／風
12月	ディセミネイティング	2023/12/1	12：42	蟹座／水
	ラストクオーター	2023/12/5	14：50	乙女座／地
	バルサミック	2023/12/9	16：17	蠍座／水
	ニュー／ブラック	2023/12/13	8：32	射手座／火
	クレセント	2023/12/16	18：08	水瓶座／風
	ファーストクオーター	2023/12/20	3：40	魚座／水
	ギバウス	2023/12/23	16：29	牡牛座／地
	フル	2023/12/27	9：34	蟹座／水
	ディセミネイティング	2023/12/31	8：51	獅子座／火

	月相	年月日	時刻	星座／エレメント
1月	ラストクオーター	2024/1/4	12:31	天秤座／風
	バルサミック	2024/1/8	10:10	射手座／火
	ニュー／ブラック	2024/1/11	20:58	山羊座／地
	クレセント	2024/1/15	3:13	魚座／水
	ファーストクオーター	2024/1/18	12:53	牡羊座／火
	ギバウス	2024/1/22	5:02	双子座／風
	フル	2024/1/26	2:54	獅子座／火
	ディセミネイティング	2024/1/30	5:44	乙女座／地
2月	ラストクオーター	2024/2/3	8:18	蠍座／水
	バルサミック	2024/2/7	1:11	山羊座／地
	ニュー／ブラック	2024/2/10	8:00	水瓶座／風
	クレセント	2024/2/13	12:56	牡羊座／火
	ファーストクオーター	2024/2/17	0:01	牡牛座／地
	ギバウス	2024/2/20	19:47	蟹座／水
	フル	2024/2/24	21:31	乙女座／地
	ディセミネイティング	2024/2/29	1:15	天秤座／風
	ラストクオーター	2024/3/4	0:24	射手座／火
	バルサミック	2024/3/7	13:04	水瓶座／風
3月	ニュー／ブラック	2024/3/10	18:00	魚座／水
	クレセント	2024/3/13	23:32	牡牛座／地
	ファーストクオーター	2024/3/17	13:11	双子座／風
	ギバウス	2024/3/21	12:28	獅子座／火
	フル	2024/3/25	16:01	天秤座／風
	ディセミネイティング	2024/3/29	17:33	蠍座／水
4月	ラストクオーター	2024/4/2	12:15	山羊座／地
	バルサミック	2024/4/5	22:14	魚座／水
	ニュー／ブラック	2024/4/9	3:20	牡羊座／火
	クレセント	2024/4/12	11:07	双子座／風
	ファーストクオーター	2024/4/16	4:13	蟹座／水
	ギバウス	2024/4/20	6:15	乙女座／地
	フル	2024/4/24	8:49	蠍座／水
	ディセミネイティング	2024/4/28	5:54	射手座／火
5月	ラストクオーター	2024/5/1	20:28	水瓶座／風

	月相	年月日	時刻	星座／エレメント
5月	バルサミック	2024/5/5	5:26	魚座／水
	ニュー／ブラック	2024/5/8	12:22	牡牛座／地
	クレセント	2024/5/11	23:42	蟹座／水
	ファーストクオーター	2024/5/15	20:48	獅子座／火
	ギバウス	2024/5/19	23:55	天秤座／風
	フル	2024/5/23	22:53	射手座／火
	ディセミネイティング	2024/5/27	14:44	山羊座／地
	ラストクオーター	2024/5/31	2:12	魚座／水
6月	バルサミック	2024/6/3	11:36	牡羊座／火
	ニュー／ブラック	2024/6/6	21:38	双子座／風
	クレセント	2024/6/10	13:34	獅子座／火
	ファーストクオーター	2024/6/14	14:19	乙女座／地
	ギバウス	2024/6/18	16:15	蠍座／水
	フル	2024/6/22	10:08	山羊座／地
	ディセミネイティング	2024/6/25	21:15	水瓶座／風
	ラストクオーター	2024/6/29	6:54	牡羊座／火
7月	バルサミック	2024/7/2	17:49	牡牛座／地
	ニュー／ブラック	2024/7/6	7:58	蟹座／水
	クレセント	2024/7/10	4:54	乙女座／地
	ファーストクオーター	2024/7/14	7:49	天秤座／風
	ギバウス	2024/7/18	6:33	射手座／火
	フル	2024/7/21	19:17	山羊座／地
	ディセミネイティング	2024/7/25	2:53	魚座／水
	ラストクオーター	2024/7/28	11:52	牡牛座／地
8月	バルサミック	2024/8/1	1:18	双子座／風
	ニュー／ブラック	2024/8/4	20:13	獅子座／火
	クレセント	2024/8/8	21:29	天秤座／風
	ファーストクオーター	2024/8/13	0:19	蠍座／水
	ギバウス	2024/8/16	18:51	山羊座／地
	フル	2024/8/20	3:25	水瓶座／風
	ディセミネイティング	2024/8/23	8:54	牡羊座／火
	ラストクオーター	2024/8/26	18:26	双子座／風
	バルサミック	2024/8/30	11:18	蟹座／水

	月相	年月日	時刻	星座／エレメント
9月	ニュー／ブラック	2024/9/3	10:56	乙女座／地
	クレセント	2024/9/7	14:30	蠍座／水
	ファーストクオーター	2024/9/11	15:05	射手座／火
	ギバウス	2024/9/15	5:38	水瓶座／風
	フル	2024/9/18	11:35	魚座／水
	ディセミネイティング	2024/9/21	16:27	牡牛座／地
	ラストクオーター	2024/9/25	3:50	蟹座／水
	バルサミック	2024/9/29	0:48	獅子座／火
10月	ニュー／ブラック	2024/10/3	3:50	天秤座／風
	クレセント	2024/10/7	6:51	蠍座／水
	ファーストクオーター	2024/10/11	3:55	山羊座／地
	ギバウス	2024/10/14	15:30	魚座／水
	フル	2024/10/17	20:27	牡羊座／火
	ディセミネイティング	2024/10/21	2:22	双子座／風
	ラストクオーター	2024/10/24	17:03	獅子座／火
	バルサミック	2024/10/28	18:01	乙女座／地
11月	ニュー／ブラック	2024/11/1	21:47	蠍座／水
	クレセント	2024/11/5	21:37	射手座／火
	ファーストクオーター	2024/11/9	14:56	水瓶座／風
	ギバウス	2024/11/13	0:51	牡羊座／火
	フル	2024/11/16	6:28	牡牛座／地
	ディセミネイティング	2024/11/19	15:17	蟹座／水
	ラストクオーター	2024/11/23	10:28	乙女座／地
	バルサミック	2024/11/27	13:59	天秤座／風
12月	ニュー／ブラック	2024/12/1	15:22	射手座／火
	クレセント	2024/12/5	10:27	山羊座／地
	ファーストクオーター	2024/12/9	0:27	魚座／水
	ギバウス	2024/12/12	9:59	牡牛座／地
	フル	2024/12/15	18:01	双子座／風
	ディセミネイティング	2024/12/19	7:30	獅子座／火
	ラストクオーター	2024/12/23	7:18	天秤座／風
	バルサミック	2024/12/27	10:44	蠍座／水
	ニュー／ブラック	2024/12/31	7:27	山羊座／地

	月相	年月日	時刻	星座 / エレメント
1月	クレセント	2025/1/3	21：33	水瓶座／風
	ファーストクオーター	2025/1/7	8：57	牡羊座／火
	ギバウス	2025/1/10	19：20	双子座／風
	フル	2025/1/14	7：27	蟹座／水
	ディセミネイティング	2025/1/18	2：36	乙女座／地
	ラストクオーター	2025/1/22	5：31	蠍座／水
	バルサミック	2025/1/26	6：13	射手座／火
	ニュー／ブラック	2025/1/29	21：36	水瓶座／風
2月	クレセント	2025/2/2	7：21	魚座／水
	ファーストクオーター	2025/2/5	17：01	牡牛座／地
	ギバウス	2025/2/9	5：32	蟹座／水
	フル	2025/2/12	22：54	獅子座／火
	ディセミネイティング	2025/2/16	23：09	天秤座／風
	ラストクオーター	2025/2/21	2：33	射手座／火
	バルサミック	2025/2/24	23：06	山羊座／地
	ニュー／ブラック	2025/2/28	9：45	魚座／水
3月	クレセント	2025/3/3	16：16	牡羊座／火
	ファーストクオーター	2025/3/7	1：32	双子座／風
	ギバウス	2025/3/10	17：20	獅子座／火
	フル	2025/3/14	15：55	乙女座／地
	ディセミネイティング	2025/3/18	19：01	蠍座／水
	ラストクオーター	2025/3/22	20：30	山羊座／地
	バルサミック	2025/3/26	12：49	水瓶座／風
	ニュー／ブラック	2025/3/29	19：58	牡羊座／火
4月	クレセント	2025/4/2	0：47	牡牛座／地
	ファーストクオーター	2025/4/5	11：14	蟹座／水
	ギバウス	2025/4/9	7：07	乙女座／地
	フル	2025/4/13	9：23	天秤座／風
	ディセミネイティング	2025/4/17	12：24	射手座／火
	ラストクオーター	2025/4/21	10：36	水瓶座／風
	バルサミック	2025/4/24	23：24	魚座／水
	ニュー／ブラック	2025/4/28	4：30	牡牛座／地
5月	クレセント	2025/5/1	9：32	双子座／風

	月相	年月日	時刻	星座／エレメント
5月	ファーストクオーター	2025/5/4	22:52	獅子座／火
	ギバウス	2025/5/8	22:36	天秤座／風
	フル	2025/5/13	1:56	蠍座／水
	ディセミネイティング	2025/5/17	2:29	山羊座／地
	ラストクオーター	2025/5/20	20:59	水瓶座／風
	バルサミック	2025/5/24	7:15	牡羊座／火
	ニュー／ブラック	2025/5/27	12:03	双子座／風
	クレセント	2025/5/30	19:18	蟹座／水
6月	ファーストクオーター	2025/6/3	12:41	乙女座／地
	ギバウス	2025/6/7	14:57	蠍座／水
	フル	2025/6/11	16:44	射手座／火
	ディセミネイティング	2025/6/15	13:23	水瓶座／風
	ラストクオーター	2025/6/19	4:19	魚座／水
	バルサミック	2025/6/22	13:13	牡牛座／地
	ニュー／ブラック	2025/6/25	19:31	蟹座／水
	クレセント	2025/6/29	6:51	獅子座／火
	ファーストクオーター	2025/7/3	4:30	天秤座／風
	ギバウス	2025/7/7	7:17	射手座／火
7月	フル	2025/7/11	5:36	山羊座／地
	ディセミネイティング	2025/7/14	21:48	魚座／水
	ラストクオーター	2025/7/18	9:38	牡羊座／火
	バルサミック	2025/7/21	18:30	双子座／風
	ニュー／ブラック	2025/7/25	4:11	獅子座／火
	クレセント	2025/7/28	20:41	乙女座／地
8月	ファーストクオーター	2025/8/1	21:42	蠍座／水
	ギバウス	2025/8/5	23:01	射手座／火
	フル	2025/8/9	16:55	水瓶座／風
	ディセミネイティング	2025/8/13	4:39	牡羊座／火
	ラストクオーター	2025/8/16	14:12	牡牛座／地
	バルサミック	2025/8/20	0:37	蟹座／水
	ニュー／ブラック	2025/8/23	15:07	乙女座／地
	クレセント	2025/8/27	12:45	天秤座／風
	ファーストクオーター	2025/8/31	15:25	射手座／火

	月相	年月日	時刻	星座／エレメント
9月	ギバウス	2025/9/4	13：53	山羊座／地
	フル	2025/9/8	3：09	魚座／水
	ディセミネイティング	2025/9/11	10：59	牡牛座／地
	ラストクオーター	2025/9/14	19：33	双子座／風
	バルサミック	2025/9/18	9：04	獅子座／火
	ニュー／ブラック	2025/9/22	4：54	乙女座／地
	クレセント	2025/9/26	6：26	蠍座／水
	ファーストクオーター	2025/9/30	8：54	山羊座／地
10月	ギバウス	2025/10/4	3：47	水瓶座／風
	フル	2025/10/7	12：48	牡羊座／火
	ディセミネイティング	2025/10/10	17：57	双子座／風
	ラストクオーター	2025/10/14	3：12	蟹座／水
	バルサミック	2025/10/17	20：57	乙女座／地
	ニュー／ブラック	2025/10/21	21：25	天秤座／風
	クレセント	2025/10/26	0：43	射手座／火
	ファーストクオーター	2025/10/30	1：21	水瓶座／風
11月	ギバウス	2025/11/2	16：30	魚座／水
	フル	2025/11/5	22：20	牡牛座／地
	ディセミネイティング	2025/11/9	2：40	蟹座／水
	ラストクオーター	2025/11/12	14：28	獅子座／火
	バルサミック	2025/11/16	12：39	天秤座／風
	ニュー／ブラック	2025/11/20	15：48	蠍座／水
	クレセント	2025/11/24	18：25	山羊座／地
	ファーストクオーター	2025/11/28	15：59	魚座／水
12月	ギバウス	2025/12/2	3：49	牡羊座／火
	フル	2025/12/5	8：13	双子座／風
	ディセミネイティング	2025/12/8	14：05	獅子座／火
	ラストクオーター	2025/12/12	5：52	乙女座／地
	バルサミック	2025/12/16	7：30	蠍座／水
	ニュー／ブラック	2025/12/20	10：44	射手座／火
	クレセント	2025/12/24	10：30	水瓶座／風
	ファーストクオーター	2025/12/28	4：10	牡羊座／火
	ギバウス	2025/12/31	13：44	牡牛座／地

	月相	年月日	時刻	星座／エレメント
1月	フル	2026/1/3	19：02	蟹座／水
	ディセミネイティング	2026/1/7	4：36	乙女座／地
	ラストクオーター	2026/1/11	0：49	天秤座／風
	バルサミック	2026/1/15	4：01	射手座／火
	ニュー／ブラック	2026/1/19	4：52	山羊座／地
	クレセント	2026/1/23	0：06	魚座／水
	ファーストクオーター	2026/1/26	13：48	牡牛座／地
	ギバウス	2026/1/29	22：44	双子座／風
2月	フル	2026/2/2	7：10	獅子座／火
	ディセミネイティング	2026/2/5	21：46	天秤座／風
	ラストクオーター	2026/2/9	21：43	蠍座／水
	バルサミック	2026/2/14	0：23	山羊座／地
	ニュー／ブラック	2026/2/17	21：01	水瓶座／風
	クレセント	2026/2/21	10：56	牡羊座／火
	ファーストクオーター	2026/2/24	21：27	双子座／風
	ギバウス	2026/2/28	7：34	蟹座／水
3月	フル	2026/3/3	20：37	乙女座／地
	ディセミネイティング	2026/3/7	16：24	蠍座／水
	ラストクオーター	2026/3/11	18：39	射手座／火
	バルサミック	2026/3/15	18：57	水瓶座／風
	ニュー／ブラック	2026/3/19	10：24	魚座／水
	クレセント	2026/3/22	19：27	牡牛座／地
	ファーストクオーター	2026/3/26	4：18	蟹座／水
	ギバウス	2026/3/29	17：06	獅子座／火
4月	フル	2026/4/2	11：12	天秤座／風
	ディセミネイティング	2026/4/6	11：07	射手座／火
	ラストクオーター	2026/4/10	13：52	山羊座／地
	バルサミック	2026/4/14	10：30	魚座／水
	ニュー／ブラック	2026/4/17	20：51	牡羊座／火
	クレセント	2026/4/21	2：31	双子座／風
	ファーストクオーター	2026/4/24	11：32	獅子座／火
	ギバウス	2026/4/28	3：53	乙女座／地
5月	フル	2026/5/2	2：23	蠍座／水

	月相	年月日	時刻	星座 / エレメント
5月	ディセミネイティング	2026/5/6	4：45	山羊座／地
	ラストクオーター	2026/5/10	6：11	水瓶座／風
	バルサミック	2026/5/13	22：32	牡羊座／火
	ニュー／ブラック	2026/5/17	5：01	牡牛座／地
	クレセント	2026/5/20	9：23	蟹座／水
	ファーストクオーター	2026/5/23	20：11	乙女座／地
	ギバウス	2026/5/27	16：14	天秤座／風
	フル	2026/5/31	17：45	射手座／火
6月	ディセミネイティング	2026/6/4	20：30	山羊座／地
	ラストクオーター	2026/6/8	19：01	魚座／水
	バルサミック	2026/6/12	7：25	牡牛座／地
	ニュー／ブラック	2026/6/15	11：54	双子座／風
	クレセント	2026/6/18	17：06	獅子座／火
	ファーストクオーター	2026/6/22	6：56	天秤座／風
	ギバウス	2026/6/26	6：12	蠍座／水
	フル	2026/6/30	8：57	山羊座／地
7月	ディセミネイティング	2026/7/4	9：53	水瓶座／風
	ラストクオーター	2026/7/8	4：29	牡羊座／火
	バルサミック	2026/7/11	14：06	双子座／風
	ニュー／ブラック	2026/7/14	18：43	蟹座／水
	クレセント	2026/7/18	2：35	乙女座／地
	ファーストクオーター	2026/7/21	20：06	天秤座／風
	ギバウス	2026/7/25	21：41	射手座／火
	フル	2026/7/29	23：36	水瓶座／風
8月	ディセミネイティング	2026/8/2	20：47	魚座／水
	ラストクオーター	2026/8/6	11：22	牡牛座／地
	バルサミック	2026/8/9	19：49	蟹座／水
	ニュー／ブラック	2026/8/13	2：37	獅子座／火
	クレセント	2026/8/16	14：28	天秤座／風
	ファーストクオーター	2026/8/20	11：47	蠍座／水
	ギバウス	2026/8/24	14：22	山羊座／地
	フル	2026/8/28	13：19	魚座／水
9月	ディセミネイティング	2026/9/1	5：32	牡羊座／火

	月相	年月日	時刻	星座／エレメント
9月	ラストクオーター	2026/9/4	16：51	双子座／風
	バルサミック	2026/9/8	1：59	獅子座／火
	ニュー／ブラック	2026/9/11	12：27	乙女座／地
	クレセント	2026/9/15	5：02	蠍座／水
	ファーストクオーター	2026/9/19	5：44	射手座／火
	ギバウス	2026/9/23	7：34	水瓶座／風
	フル	2026/9/27	1：49	牡羊座／火
	ディセミネイティング	2026/9/30	13：01	牡牛座／地
10月	ラストクオーター	2026/10/3	22：24	蟹座／水
	バルサミック	2026/10/7	9：44	獅子座／火
	ニュー／ブラック	2026/10/11	0：50	天秤座／風
	クレセント	2026/10/14	22：15	射手座／火
	ファーストクオーター	2026/10/19	1：13	山羊座／地
	ギバウス	2026/10/23	0：20	魚座／水
	フル	2026/10/26	13：11	牡牛座／地
	ディセミネイティング	2026/10/29	20：24	双子座／風
11月	ラストクオーター	2026/11/2	5：29	獅子座／火
	バルサミック	2026/11/5	20：02	乙女座／地
	ニュー／ブラック	2026/11/9	16：02	蠍座／水
	クレセント	2026/11/13	17：34	山羊座／地
	ファーストクオーター	2026/11/17	20：48	水瓶座／風
	ギバウス	2026/11/21	15：43	牡羊座／火
	フル	2026/11/24	23：54	双子座／風
	ディセミネイティング	2026/11/28	4：56	蟹座／水
12月	ラストクオーター	2026/12/1	15：09	乙女座／地
	バルサミック	2026/12/5	9：30	天秤座／風
	ニュー／ブラック	2026/12/9	9：52	射手座／火
	クレセント	2026/12/13	13：39	水瓶座／風
	ファーストクオーター	2026/12/17	14：43	魚座／水
	ギバウス	2026/12/21	5：10	牡牛座／地
	フル	2026/12/24	10：28	蟹座／水
	ディセミネイティング	2026/12/27	15：24	獅子座／火
	ラストクオーター	2026/12/31	4：00	天秤座／風

	月相	年月日	時刻	星座／エレメント
1月	バルサミック	2027/1/4	2：09	蠍座／水
	ニュー／ブラック	2027/1/8	5：25	山羊座／地
	クレセント	2027/1/12	8：32	魚座／水
	ファーストクオーター	2027/1/16	5：35	牡羊座／火
	ギバウス	2027/1/19	16：36	双子座／風
	フル	2027/1/22	21：17	獅子座／火
	ディセミネイティング	2027/1/26	4：00	乙女座／地
	ラストクオーター	2027/1/29	19：56	蠍座／水
2月	バルサミック	2027/2/2	21：20	射手座／火
	ニュー／ブラック	2027/2/7	0：56	水瓶座／風
	クレセント	2027/2/11	0：27	牡羊座／火
	ファーストクオーター	2027/2/14	16：59	牡牛座／地
	ギバウス	2027/2/18	2：18	蟹座／水
	フル	2027/2/21	8：23	乙女座／地
	ディセミネイティング	2027/2/24	18：24	天秤座／風
	ラストクオーター	2027/2/28	14：17	射手座／火
3月	バルサミック	2027/3/4	17：34	山羊座／地
	ニュー／ブラック	2027/3/8	18：30	魚座／水
	クレセント	2027/3/12	12：40	牡牛座／地
	ファーストクオーター	2027/3/16	1：24	双子座／風
	ギバウス	2027/3/19	10：44	獅子座／火
	フル	2027/3/22	19：43	天秤座／風
	ディセミネイティング	2027/3/26	10：09	蠍座／水
	ラストクオーター	2027/3/30	9：54	山羊座／地
4月	バルサミック	2027/4/3	12：50	水瓶座／風
	ニュー／ブラック	2027/4/7	8：51	牡羊座／火
	クレセント	2027/4/10	21：40	双子座／風
	ファーストクオーター	2027/4/14	7：56	蟹座／水
	ギバウス	2027/4/17	18：30	乙女座／地
	フル	2027/4/21	7：27	蠍座／水
	ディセミネイティング	2027/4/25	2：49	射手座／火
	ラストクオーター	2027/4/29	5：18	水瓶座／風
5月	バルサミック	2027/5/3	5：30	魚座／水

	月相	年月日	時刻	星座／エレメント
5月	ニュー／ブラック	2027/5/6	19：58	牡牛座／地
	クレセント	2027/5/10	4：33	蟹座／水
	ファーストクオーター	2027/5/13	13：44	獅子座／火
	ギバウス	2027/5/17	2：31	天秤座／風
	フル	2027/5/20	19：59	蠍座／水
	ディセミネイティング	2027/5/24	19：53	山羊座／地
	ラストクオーター	2027/5/28	22：58	魚座／水
6月	バルサミック	2027/6/1	18：57	牡羊座／火
	ニュー／ブラック	2027/6/5	4：40	双子座／風
	クレセント	2027/6/8	10：36	獅子座／火
	ファーストクオーター	2027/6/11	19：56	乙女座／地
	ギバウス	2027/6/15	11：42	蠍座／水
	フル	2027/6/19	9：45	射手座／火
	ディセミネイティング	2027/6/23	12：35	水瓶座／風
	ラストクオーター	2027/6/27	13：55	牡羊座／火
7月	バルサミック	2027/7/1	5：30	牡牛座／地
	ニュー／ブラック	2027/7/4	12：02	蟹座／水
	クレセント	2027/7/7	16：58	乙女座／地
	ファーストクオーター	2027/7/11	3：39	天秤座／風
	ギバウス	2027/7/14	23：01	射手座／火
	フル	2027/7/19	0：45	山羊座／地
	ディセミネイティング	2027/7/23	3：57	魚座／水
	ラストクオーター	2027/7/27	1：55	牡牛座／地
	バルサミック	2027/7/30	14：03	双子座／風
8月	ニュー／ブラック	2027/8/2	19：05	獅子座／火
	クレセント	2027/8/6	0：35	乙女座／地
	ファーストクオーター	2027/8/9	13：54	蠍座／水
	ギバウス	2027/8/13	13：04	山羊座／地
	フル	2027/8/17	16：29	水瓶座／風
	ディセミネイティング	2027/8/21	17：20	牡羊座／火
	ラストクオーター	2027/8/25	11：28	双子座／風
	バルサミック	2027/8/28	21：27	蟹座／水
9月	ニュー／ブラック	2027/9/1	2：40	乙女座／地

	月相	年月日	時刻	星座 / エレメント
9月	クレセント	2027/9/4	10：21	天秤座／風
	ファーストクオーター	2027/9/8	3：32	射手座／火
	ギバウス	2027/9/12	5：46	水瓶座／風
	フル	2027/9/16	8：04	魚座／水
	ディセミネイティング	2027/9/20	4：42	牡牛座／地
	ラストクオーター	2027/9/23	19：21	蟹座／水
	バルサミック	2027/9/27	4：38	獅子座／火
	ニュー／ブラック	2027/9/30	11：35	天秤座／風
10月	クレセント	2027/10/3	23：05	蠍座／水
	ファーストクオーター	2027/10/7	20：48	山羊座／地
	ギバウス	2027/10/12	0：13	魚座／水
	フル	2027/10/15	22：47	牡羊座／火
	ディセミネイティング	2027/10/19	14：32	双子座／風
	ラストクオーター	2027/10/23	2：28	蟹座／水
	バルサミック	2027/10/26	12：18	乙女座／地
	ニュー／ブラック	2027/10/29	22：37	蠍座／水
11月	クレセント	2027/11/2	15：17	射手座／火
	ファーストクオーター	2027/11/6	17：00	水瓶座／風
	ギバウス	2027/11/10	19：00	牡羊座／火
	フル	2027/11/14	12：26	牡牛座／地
	ディセミネイティング	2027/11/17	23：38	蟹座／水
	ラストクオーター	2027/11/21	9：48	獅子座／火
	バルサミック	2027/11/24	21：21	天秤座／風
	ニュー／ブラック	2027/11/28	12：25	射手座／火
12月	クレセント	2027/12/2	10：41	山羊座／地
	ファーストクオーター	2027/12/6	14：22	魚座／水
	ギバウス	2027/12/10	12：48	牡牛座／地
	フル	2027/12/14	1：09	双子座／風
	ディセミネイティング	2027/12/17	8：46	獅子座／火
	ラストクオーター	2027/12/20	18：11	乙女座／地
	バルサミック	2027/12/24	8：39	蠍座／水
	ニュー／ブラック	2027/12/28	5：13	山羊座／地

	月相	年月日	時刻	星座／エレメント
1月	クレセント	2028/1/1	7：45	水瓶座／風
	ファーストクオーター	2028/1/5	10：41	牡羊座／火
	ギバウス	2028/1/9	4：46	双子座／風
	フル	2028/1/12	13：02	蟹座／水
	ディセミネイティング	2028/1/15	18：26	乙女座／地
	ラストクオーター	2028/1/19	4：26	天秤座／風
	バルサミック	2028/1/22	22：52	射手座／火
	ニュー／ブラック	2028/1/27	0：13	水瓶座／風
	クレセント	2028/1/31	4：09	魚座／水
2月	ファーストクオーター	2028/2/4	4：11	牡牛座／地
	ギバウス	2028/2/7	18：21	蟹座／水
	フル	2028/2/11	0：04	獅子座／火
	ディセミネイティング	2028/2/14	4：54	天秤座／風
	ラストクオーター	2028/2/17	17：08	蠍座／水
	バルサミック	2028/2/21	15：50	山羊座／地
	ニュー／ブラック	2028/2/25	19：38	魚座／水
	クレセント	2028/2/29	21：51	牡羊座／火
3月	ファーストクオーター	2028/3/4	18：03	双子座／風
	ギバウス	2028/3/8	5：17	獅子座／火
	フル	2028/3/11	10：05	乙女座／地
	ディセミネイティング	2028/3/14	16：23	蠍座／水
	ラストクオーター	2028/3/18	8：23	射手座／火
	バルサミック	2028/3/22	10：25	水瓶座／風
	ニュー／ブラック	2028/3/26	13：32	牡羊座／火
	クレセント	2028/3/30	11：55	牡牛座／地
4月	ファーストクオーター	2028/4/3	4：16	蟹座／水
	ギバウス	2028/4/6	13：43	乙女座／地
	フル	2028/4/9	19：27	天秤座／風
	ディセミネイティング	2028/4/13	5：11	射手座／火
	ラストクオーター	2028/4/17	1：37	山羊座／地
	バルサミック	2028/4/21	4：54	魚座／水
	ニュー／ブラック	2028/4/25	4：47	牡牛座／地
	クレセント	2028/4/28	22：30	双子座／風

	月相	年月日	時刻	星座／エレメント
5月	ファーストクオーター	2028/5/2	11:26	獅子座／火
	ギバウス	2028/5/5	20:23	天秤座／風
	フル	2028/5/9	4:49	蠍座／水
	ディセミネイティング	2028/5/12	19:30	山羊座／地
	ラストクオーター	2028/5/16	19:43	水瓶座／風
	バルサミック	2028/5/20	21:55	牡羊座／火
	ニュー／ブラック	2028/5/24	17:17	双子座／風
	クレセント	2028/5/28	6:21	蟹座／水
	ファーストクオーター	2028/5/31	16:37	乙女座／地
6月	ギバウス	2028/6/4	2:25	天秤座／風
	フル	2028/6/7	15:08	射手座／火
	ディセミネイティング	2028/6/11	11:07	水瓶座／風
	ラストクオーター	2028/6/15	13:28	魚座／水
	バルサミック	2028/6/19	12:51	牡牛座／地
	ニュー／ブラック	2028/6/23	3:28	蟹座／水
	クレセント	2028/6/26	12:27	獅子座／火
	ファーストクオーター	2028/6/29	21:11	天秤座／風
7月	ギバウス	2028/7/3	9:21	蠍座／水
	フル	2028/7/7	3:11	山羊座／地
	ディセミネイティング	2028/7/11	3:29	魚座／水
	ラストクオーター	2028/7/15	5:57	牡羊座／火
	バルサミック	2028/7/19	1:45	双子座／風
	ニュー／ブラック	2028/7/22	12:02	蟹座／水
	クレセント	2028/7/25	17:59	乙女座／地
	ファーストクオーター	2028/7/29	2:40	蠍座／水
8月	ギバウス	2028/8/1	18:27	射手座／火
	フル	2028/8/5	17:10	水瓶座／風
	ディセミネイティング	2028/8/9	19:50	牡羊座／火
	ラストクオーター	2028/8/13	20:46	牡牛座／地
	バルサミック	2028/8/17	12:52	蟹座／水
	ニュー／ブラック	2028/8/20	19:43	獅子座／火
	クレセント	2028/8/24	0:12	天秤座／風
	ファーストクオーター	2028/8/27	10:36	射手座／火

	月相	年月日	時刻	星座／エレメント
8月	ギバウス	2028/8/31	6：41	山羊座／地
9月	フル	2028/9/4	8：48	魚座／水
	ディセミネイティング	2028/9/8	11：31	牡牛座／地
	ラストクオーター	2028/9/12	9：46	双子座／風
	バルサミック	2028/9/15	22：33	獅子座／火
	ニュー／ブラック	2028/9/19	3：24	乙女座／地
	クレセント	2028/9/22	8：23	蠍座／水
	ファーストクオーター	2028/9/25	22：10	山羊座／地
	ギバウス	2028/9/29	22：14	水瓶座／風
10月	フル	2028/10/4	1：25	牡羊座／火
	ディセミネイティング	2028/10/8	2：05	牡牛座／地
	ラストクオーター	2028/10/11	20：57	蟹座／水
	バルサミック	2028/10/15	7：13	乙女座／地
	ニュー／ブラック	2028/10/18	11：57	天秤座／風
	クレセント	2028/10/21	19：40	射手座／火
	ファーストクオーター	2028/10/25	13：53	水瓶座／風
	ギバウス	2028/10/29	16：30	魚座／水
	フル	2028/11/2	18：18	牡牛座／地
11月	ディセミネイティング	2028/11/6	15：13	双子座／風
	ラストクオーター	2028/11/10	6：25	獅子座／火
	バルサミック	2028/11/13	15：29	天秤座／風
	ニュー／ブラック	2028/11/16	22：17	蠍座／水
	クレセント	2028/11/20	10：39	山羊座／地
	ファーストクオーター	2028/11/24	9：15	魚座／水
	ギバウス	2028/11/28	12：20	牡羊座／火
12月	フル	2028/12/2	10：40	双子座／風
	ディセミネイティング	2028/12/6	2：48	蟹座／水
	ラストクオーター	2028/12/9	14：39	乙女座／地
	バルサミック	2028/12/13	0：09	蠍座／水
	ニュー／ブラック	2028/12/16	11：07	射手座／火
	クレセント	2028/12/20	4：57	水瓶座／風
	ファーストクオーター	2028/12/24	6：45	牡羊座／火
	ギバウス	2028/12/28	8：15	牡牛座／地

	月相	年月日	時刻	星座 / エレメント
1月	フル	2029/1/1	1:49	蟹座／水
	ディセミネイティング	2029/1/4	12:54	獅子座／火
	ラストクオーター	2029/1/7	22:27	天秤座／風
	バルサミック	2029/1/11	10:08	射手座／火
	ニュー／ブラック	2029/1/15	2:25	山羊座／地
	クレセント	2029/1/19	1:15	魚座／水
	ファーストクオーター	2029/1/23	4:23	牡牛座／地
	ギバウス	2029/1/27	2:42	双子座／風
	フル	2029/1/30	15:03	獅子座／火
2月	ディセミネイティング	2029/2/2	21:59	乙女座／地
	ラストクオーター	2029/2/6	6:51	蠍座／水
	バルサミック	2029/2/9	22:05	山羊座／地
	ニュー／ブラック	2029/2/13	19:32	水瓶座／風
	クレセント	2029/2/17	21:41	牡羊座／火
	ファーストクオーター	2029/2/22	0:10	双子座／風
	ギバウス	2029/2/25	18:20	蟹座／水
3月	フル	2029/3/1	2:09	乙女座／地
	ディセミネイティング	2029/3/4	6:46	天秤座／風
	ラストクオーター	2029/3/7	16:52	射手座／火
	バルサミック	2029/3/11	12:06	水瓶座／風
	ニュー／ブラック	2029/3/15	13:19	魚座／水
	クレセント	2029/3/19	16:34	牡牛座／地
	ファーストクオーター	2029/3/23	16:32	蟹座／水
	ギバウス	2029/3/27	6:30	獅子座／火
	フル	2029/3/30	11:26	天秤座／風
4月	ディセミネイティング	2029/4/2	16:00	蠍座／水
	ラストクオーター	2029/4/6	4:52	山羊座／地
	バルサミック	2029/4/10	3:42	魚座／水
	ニュー／ブラック	2029/4/14	6:40	牡羊座／火
	クレセント	2029/4/18	8:38	双子座／風
	ファーストクオーター	2029/4/22	4:50	獅子座／火
	ギバウス	2029/4/25	15:22	乙女座／地
	フル	2029/4/28	19:37	蠍座／水

	月相	年月日	時刻	星座 / エレメント
5月	ディセミネイティング	2029/5/2	2:19	射手座/火
	ラストクオーター	2029/5/5	18:48	水瓶座/風
	バルサミック	2029/5/9	20:09	牡羊座/火
	ニュー/ブラック	2029/5/13	22:42	牡牛座/地
	クレセント	2029/5/17	21:19	蟹座/水
	ファーストクオーター	2029/5/21	13:15	乙女座/地
	ギバウス	2029/5/24	21:53	天秤座/風
	フル	2029/5/28	3:38	射手座/火
	ディセミネイティング	2029/5/31	14:04	山羊座/地
6月	ラストクオーター	2029/6/4	10:19	魚座/水
	バルサミック	2029/6/8	12:48	牡牛座/地
	ニュー/ブラック	2029/6/12	12:51	双子座/風
	クレセント	2029/6/16	6:42	獅子座/火
	ファーストクオーター	2029/6/19	18:54	乙女座/地
	ギバウス	2029/6/23	3:24	蠍座/水
	フル	2029/6/26	12:23	山羊座/地
	ディセミネイティング	2029/6/30	3:23	水瓶座/風
7月	ラストクオーター	2029/7/4	2:58	牡羊座/火
	バルサミック	2029/7/8	5:00	双子座/風
	ニュー/ブラック	2029/7/12	0:51	蟹座/水
	クレセント	2029/7/15	13:38	乙女座/地
	ファーストクオーター	2029/7/18	23:15	天秤座/風
	ギバウス	2029/7/22	9:17	射手座/火
	フル	2029/7/25	22:36	水瓶座/風
	ディセミネイティング	2029/7/29	18:18	魚座/水
8月	ラストクオーター	2029/8/2	20:16	牡牛座/地
	バルサミック	2029/8/6	20:11	双子座/風
	ニュー/ブラック	2029/8/10	10:56	獅子座/火
	クレセント	2029/8/13	19:18	天秤座/風
	ファーストクオーター	2029/8/17	3:55	蠍座/水
	ギバウス	2029/8/20	16:48	山羊座/地
	フル	2029/8/24	10:51	魚座/水
	ディセミネイティング	2029/8/28	10:42	牡羊座/火

	月相	年月日	時刻	星座／エレメント
9月	ラストクオーター	2029/9/1	13:33	双子座／風
	バルサミック	2029/9/5	9:55	蟹座／水
	ニュー／ブラック	2029/9/8	19:45	乙女座／地
	クレセント	2029/9/12	1:14	蠍座／水
	ファーストクオーター	2029/9/15	10:29	射手座／火
	ギバウス	2029/9/19	3:00	水瓶座／風
	フル	2029/9/23	1:29	魚座／水
	ディセミネイティング	2029/9/27	4:12	牡牛座／地
10月	ラストクオーター	2029/10/1	5:57	蟹座／水
	バルサミック	2029/10/4	22:01	獅子座／火
	ニュー／ブラック	2029/10/8	4:15	天秤座／風
	クレセント	2029/10/11	8:50	射手座／火
	ファーストクオーター	2029/10/14	20:09	山羊座／地
	ギバウス	2029/10/18	16:32	魚座／水
	フル	2029/10/22	18:28	牡羊座／火
	ディセミネイティング	2029/10/26	21:50	双子座／風
	ラストクオーター	2029/10/30	20:32	獅子座／火
11月	バルサミック	2029/11/3	8:47	乙女座／地
	ニュー／ブラック	2029/11/6	13:24	蠍座／水
	クレセント	2029/11/9	19:07	山羊座／地
	ファーストクオーター	2029/11/13	9:35	水瓶座／風
	ギバウス	2029/11/17	9:34	牡羊座／火
	フル	2029/11/21	13:03	牡牛座／地
	ディセミネイティング	2029/11/25	14:18	蟹座／水
	ラストクオーター	2029/11/29	8:48	乙女座／地
12月	バルサミック	2029/12/2	18:36	天秤座／風
	ニュー／ブラック	2029/12/5	23:51	射手座／火
	クレセント	2029/12/9	8:28	水瓶座／風
	ファーストクオーター	2029/12/13	2:50	魚座／水
	ギバウス	2029/12/17	5:28	牡牛座／地
	フル	2029/12/21	7:47	双子座／風
	ディセミネイティング	2029/12/25	4:27	獅子座／火
	ラストクオーター	2029/12/28	18:49	天秤座／風

	月相	年月日	時刻	星座／エレメント
1月	バルサミック	2030／1／1	4：01	蠍座／水
	ニュー／ブラック	2030／1／4	11：50	山羊座／地
	クレセント	2030／1／8	0：37	魚座／水
	ファーストクオーター	2030／1／11	23：06	牡羊座／火
	ギバウス	2030／1／16	2：34	双子座／風
	フル	2030／1／20	0：55	蟹座／水
	ディセミネイティング	2030／1／23	15：58	乙女座／地
	ラストクオーター	2030／1／27	3：15	蠍座／水
	バルサミック	2030／1／30	13：27	射手座／火
2月	ニュー／ブラック	2030／2／3	1：07	水瓶座／風
	クレセント	2030／2／6	18：53	牡羊座／火
	ファーストクオーター	2030／2／10	20：50	牡牛座／地
	ギバウス	2030／2／14	22：36	蟹座／水
	フル	2030／2／18	15：20	獅子座／火
	ディセミネイティング	2030／2／22	1：21	天秤座／風
	ラストクオーター	2030／2／25	10：57	射手座／火
	バルサミック	2030／2／28	23：19	山羊座／地
3月	ニュー／ブラック	2030／3／4	15：35	魚座／水
	クレセント	2030／3／8	14：16	牡牛座／地
	ファーストクオーター	2030／3／12	17：48	双子座／風
	ギバウス	2030／3／16	15：42	獅子座／火
	フル	2030／3／20	2：57	乙女座／地
	ディセミネイティング	2030／3／23	9：29	蠍座／水
	ラストクオーター	2030／3／26	18：52	山羊座／地
	バルサミック	2030／3／30	10：05	水瓶座／風
4月	ニュー／ブラック	2030／4／3	7：03	牡羊座／火
	クレセント	2030／4／7	9：25	双子座／風
	ファーストクオーター	2030／4／11	11：57	蟹座／水
	ギバウス	2030／4／15	5：07	乙女座／地
	フル	2030／4／18	12：20	天秤座／風
	ディセミネイティング	2030／4／21	17：18	射手座／火
	ラストクオーター	2030／4／25	3：39	水瓶座／風
	バルサミック	2030／4／28	22：14	魚座／水

	月相	年月日	時刻	星座／エレメント
5月	ニュー／ブラック	2030/5/2	23：12	牡牛座／地
	クレセント	2030/5/7	2：49	蟹座／水
	ファーストクオーター	2030/5/11	2：12	獅子座／火
	ギバウス	2030/5/14	15：13	天秤座／風
	フル	2030/5/17	20：19	蠍座／水
	ディセミネイティング	2030/5/21	1：26	山羊座／地
	ラストクオーター	2030/5/24	13：58	魚座／水
	バルサミック	2030/5/28	12：06	牡羊座／火
6月	ニュー／ブラック	2030/6/1	15：22	双子座／風
	クレセント	2030/6/5	17：20	蟹座／水
	ファーストクオーター	2030/6/9	12：36	乙女座／地
	ギバウス	2030/6/12	22：50	蠍座／水
	フル	2030/6/16	3：41	射手座／火
	ディセミネイティング	2030/6/19	10：31	水瓶座／風
	ラストクオーター	2030/6/23	2：20	牡羊座／火
	バルサミック	2030/6/27	3：37	牡牛座／地
7月	ニュー／ブラック	2030/7/1	6：35	蟹座／水
	クレセント	2030/7/5	4：40	獅子座／火
	ファーストクオーター	2030/7/8	20：02	天秤座／風
	ギバウス	2030/7/12	5：02	射手座／火
	フル	2030/7/15	11：11	山羊座／地
	ディセミネイティング	2030/7/18	21：12	魚座／水
	ラストクオーター	2030/7/22	17：08	牡羊座／火
	バルサミック	2030/7/26	20：09	双子座／風
	ニュー／ブラック	2030/7/30	20：11	獅子座／火
8月	クレセント	2030/8/3	13：24	乙女座／地
	ファーストクオーター	2030/8/7	1：43	蠍座／水
	ギバウス	2030/8/10	10：52	山羊座／地
	フル	2030/8/13	19：44	水瓶座／風
	ディセミネイティング	2030/8/17	10：16	牡羊座／火
	ラストクオーター	2030/8/21	10：16	牡牛座／地
	バルサミック	2030/8/25	12：49	蟹座／水
	ニュー／ブラック	2030/8/29	8：07	乙女座／地

	月相	年月日	時刻	星座／エレメント
9月	クレセント	2030/9/1	20:38	天秤座／風
	ファーストクオーター	2030/9/5	6:56	射手座／火
	ギバウス	2030/9/8	17:23	水瓶座／風
	フル	2030/9/12	6:18	魚座／水
	ディセミネイティング	2030/9/16	2:06	牡牛座／地
	ラストクオーター	2030/9/20	4:57	双子座／風
	バルサミック	2030/9/24	4:47	獅子座／火
	ニュー／ブラック	2030/9/27	18:55	天秤座／風
10月	クレセント	2030/10/1	3:34	蠍座／水
	ファーストクオーター	2030/10/4	12:56	山羊座／地
	ギバウス	2030/10/8	1:50	水瓶座／風
	フル	2030/10/11	19:47	牡羊座／火
	ディセミネイティング	2030/10/15	20:29	双子座／風
	ラストクオーター	2030/10/19	23:51	蟹座／水
	バルサミック	2030/10/23	19:36	乙女座／地
	ニュー／ブラック	2030/10/27	5:16	蠍座／水
	クレセント	2030/10/30	11:23	射手座／火
11月	ファーストクオーター	2030/11/2	20:55	水瓶座／風
	ギバウス	2030/11/6	13:21	魚座／水
	フル	2030/11/10	12:30	牡牛座／地
	ディセミネイティング	2030/11/14	16:07	蟹座／水
	ラストクオーター	2030/11/18	17:33	獅子座／火
	バルサミック	2030/11/22	9:10	天秤座／風
	ニュー／ブラック	2030/11/25	15:47	射手座／火
	クレセント	2030/11/28	20:46	山羊座／地
12月	ファーストクオーター	2030/12/2	7:57	魚座／水
	ギバウス	2030/12/6	4:41	牡羊座／火
	フル	2030/12/10	7:41	双子座／風
	ディセミネイティング	2030/12/14	11:05	獅子座／火
	ラストクオーター	2030/12/18	9:00	乙女座／地
	バルサミック	2030/12/21	21:24	蠍座／水
	ニュー／ブラック	2030/12/25	2:32	山羊座／地
	クレセント	2030/12/28	8:12	水瓶座／風
	ファーストクオーター	2030/12/31	22:36	牡羊座／火

	月相	年月日	時刻	星座／エレメント
1月	ギバウス	2031/1/4	23:30	牡牛座／地
	フル	2031/1/9	3:26	蟹座／水
	ディセミネイティング	2031/1/13	3:45	乙女座／地
	ラストクオーター	2031/1/16	21:47	天秤座／風
	バルサミック	2031/1/20	8:05	射手座／火
	ニュー／ブラック	2031/1/23	13:31	水瓶座／風
	クレセント	2031/1/26	21:52	魚座／水
	ファーストクオーター	2031/1/30	16:43	牡牛座／地
2月	ギバウス	2031/2/3	20:08	双子座／風
	フル	2031/2/7	21:46	獅子座／火
	ディセミネイティング	2031/2/11	17:25	天秤座／風
	ラストクオーター	2031/2/15	7:50	蠍座／水
	バルサミック	2031/2/18	17:17	山羊座／地
	ニュー／ブラック	2031/2/22	0:49	魚座／水
	クレセント	2031/2/25	13:43	牡羊座／火
3月	ファーストクオーター	2031/3/1	13:02	双子座／風
	ギバウス	2031/3/5	16:20	蟹座／水
	フル	2031/3/9	13:30	乙女座／地
	ディセミネイティング	2031/3/13	4:09	蠍座／水
	ラストクオーター	2031/3/16	15:36	射手座／火
	バルサミック	2031/3/20	1:26	水瓶座／風
	ニュー／ブラック	2031/3/23	12:49	牡羊座／火
	クレセント	2031/3/27	7:14	牡牛座／地
	ファーストクオーター	2031/3/31	9:32	蟹座／水
4月	ギバウス	2031/4/4	10:18	獅子座／火
	フル	2031/4/8	2:21	天秤座／風
	ディセミネイティング	2031/4/11	12:34	射手座／火
	ラストクオーター	2031/4/14	21:58	山羊座／地
	バルサミック	2031/4/18	9:35	魚座／水
	ニュー／ブラック	2031/4/22	1:57	牡牛座／地
	クレセント	2031/4/26	1:20	双子座／風
	ファーストクオーター	2031/4/30	4:20	獅子座／火
5月	ギバウス	2031/5/4	1:16	乙女座／地

	月相	年月日	時刻	星座／エレメント
5月	フル	2031/5/7	12:40	蠍座／水
	ディセミネイティング	2031/5/10	19:26	山羊座／水
	ラストクオーター	2031/5/14	4:07	水瓶座／風
	バルサミック	2031/5/17	18:49	牡羊座／火
	ニュー／ブラック	2031/5/21	16:17	双子座／風
	クレセント	2031/5/25	18:45	蟹座／水
	ファーストクオーター	2031/5/29	20:20	乙女座／地
6月	ギバウス	2031/6/2	13:19	天秤座／風
	フル	2031/6/5	20:58	射手座／火
	ディセミネイティング	2031/6/9	1:43	水瓶座／風
	ラストクオーター	2031/6/12	11:21	魚座／水
	バルサミック	2031/6/16	6:01	牡牛座／地
	ニュー／ブラック	2031/6/20	7:25	双子座／風
	クレセント	2031/6/24	10:26	獅子座／火
	ファーストクオーター	2031/6/28	9:19	天秤座／風
7月	ギバウス	2031/7/1	22:47	蠍座／水
	フル	2031/7/5	4:02	山羊座／地
	ディセミネイティング	2031/7/8	8:32	魚座／水
	ラストクオーター	2031/7/11	20:50	牡羊座／火
	バルサミック	2031/7/15	19:32	双子座／風
	ニュー／ブラック	2031/7/19	22:40	蟹座／水
	クレセント	2031/7/24	0:01	乙女座／地
	ファーストクオーター	2031/7/27	19:35	蠍座／水
	ギバウス	2031/7/31	6:18	射手座／火
8月	フル	2031/8/3	10:46	水瓶座／風
	ディセミネイティング	2031/8/6	17:07	魚座／水
	ラストクオーター	2031/8/10	9:24	牡牛座／地
	バルサミック	2031/8/14	11:07	蟹座／水
	ニュー／ブラック	2031/8/18	13:32	獅子座／火
	クレセント	2031/8/22	11:35	天秤座／風
	ファーストクオーター	2031/8/26	3:40	射手座／火
	ギバウス	2031/8/29	12:44	山羊座／地
9月	フル	2031/9/1	18:21	魚座／水

	月相	年月日	時刻	星座 / エレメント
9月	ディセミネイティング	2031/9/5	4:31	牡羊座／火
	ラストクオーター	2031/9/9	1:15	双子座／風
	バルサミック	2031/9/13	4:11	獅子座／火
	ニュー／ブラック	2031/9/17	3:47	乙女座／地
	クレセント	2031/9/20	21:32	蠍座／水
	ファーストクオーター	2031/9/24	10:20	山羊座／地
	ギバウス	2031/9/27	19:09	水瓶座／風
10月	フル	2031/10/1	3:57	牡羊座／火
	ディセミネイティング	2031/10/4	19:19	牡牛座／地
	ラストクオーター	2031/10/8	19:50	蟹座／水
	バルサミック	2031/10/12	21:57	乙女座／地
	ニュー／ブラック	2031/10/16	17:21	天秤座／風
	クレセント	2031/10/20	6:23	射手座／火
	ファーストクオーター	2031/10/23	16:37	山羊座／地
	ギバウス	2031/10/27	2:53	魚座／水
	フル	2031/10/30	16:33	牡牛座／地
11月	ディセミネイティング	2031/11/3	13:19	双子座／風
	ラストクオーター	2031/11/7	16:02	獅子座／火
	バルサミック	2031/11/11	15:39	天秤座／風
	ニュー／ブラック	2031/11/15	6:09	蠍座／水
	クレセント	2031/11/18	14:49	山羊座／地
	ファーストクオーター	2031/11/21	23:45	水瓶座／風
	ギバウス	2031/11/25	13:06	牡羊座／火
	フル	2031/11/29	8:19	双子座／風
12月	ディセミネイティング	2031/12/3	9:22	蟹座／水
	ラストクオーター	2031/12/7	12:20	乙女座／地
	バルサミック	2031/12/11	8:19	蠍座／水
	ニュー／ブラック	2031/12/14	18:05	射手座／火
	クレセント	2031/12/17	23:35	水瓶座／風
	ファーストクオーター	2031/12/21	9:01	魚座／水
	ギバウス	2031/12/25	2:33	牡牛座／地
	フル	2031/12/29	2:33	蟹座／水

	月相	年月日	時刻	星座／エレメント
1月	ディセミネイティング	2032/1/2	5：45	獅子座／火
	ラストクオーター	2032/1/6	7：04	天秤座／風
	バルサミック	2032/1/9	22：58	射手座／火
	ニュー／ブラック	2032/1/13	5：06	山羊座／地
	クレセント	2032/1/16	9：32	魚座／水
	ファーストクオーター	2032/1/19	21：14	牡羊座／火
	ギバウス	2032/1/23	19：03	双子座／風
	フル	2032/1/27	21：53	獅子座／火
2月	ディセミネイティング	2032/2/1	0：44	乙女座／地
	ラストクオーター	2032/2/4	22：49	蠍座／水
	バルサミック	2032/2/8	10：57	山羊座／地
	ニュー／ブラック	2032/2/11	15：24	水瓶座／風
	クレセント	2032/2/14	21：07	牡羊座／火
	ファーストクオーター	2032/2/18	12：29	牡牛座／地
	ギバウス	2032/2/22	13：34	蟹座／水
	フル	2032/2/26	16：43	乙女座／地
3月	ディセミネイティング	2032/3/1	16：52	天秤座／風
	ラストクオーター	2032/3/5	10：47	射手座／火
	バルサミック	2032/3/8	20：17	水瓶座／風
	ニュー／ブラック	2032/3/12	1：25	魚座／水
	クレセント	2032/3/15	10：31	牡牛座／地
	ファーストクオーター	2032/3/19	5：57	双子座／風
	ギバウス	2032/3/23	8：38	獅子座／火
	フル	2032/3/27	9：46	天秤座／風
	ディセミネイティング	2032/3/31	5：28	蠍座／水
4月	ラストクオーター	2032/4/3	19：10	山羊座／地
	バルサミック	2032/4/7	3：47	魚座／水
	ニュー／ブラック	2032/4/10	11：40	牡羊座／火
	クレセント	2032/4/14	1：24	双子座／風
	ファーストクオーター	2032/4/18	0：25	蟹座／水
	ギバウス	2032/4/22	2：55	乙女座／地
	フル	2032/4/26	0：10	蠍座／水
	ディセミネイティング	2032/4/29	14：35	射手座／火

	月相	年月日	時刻	星座／エレメント
5月	ラストクオーター	2032/5/3	1:01	水瓶座／風
	バルサミック	2032/5/6	10:32	牡羊座／火
	ニュー／ブラック	2032/5/9	22:36	牡牛座／地
	クレセント	2032/5/13	17:12	蟹座／水
	ファーストクオーター	2032/5/17	18:44	獅子座／火
	ギバウス	2032/5/21	19:21	天秤座／風
	フル	2032/5/25	11:37	射手座／火
	ディセミネイティング	2032/5/28	21:11	山羊座／地
6月	ラストクオーター	2032/6/1	5:51	魚座／水
	バルサミック	2032/6/4	17:44	牡羊座／火
	ニュー／ブラック	2032/6/8	10:32	双子座／風
	クレセント	2032/6/12	9:24	獅子座／火
	ファーストクオーター	2032/6/16	12:00	乙女座／地
	ギバウス	2032/6/20	9:21	蠍座／水
	フル	2032/6/23	20:33	山羊座／地
	ディセミネイティング	2032/6/27	2:35	水瓶座／風
	ラストクオーター	2032/6/30	11:12	牡羊座／火
7月	バルサミック	2032/7/4	2:25	牡牛座／地
	ニュー／ブラック	2032/7/7	23:42	蟹座／水
	クレセント	2032/7/12	1:35	乙女座／地
	ファーストクオーター	2032/7/16	3:32	天秤座／風
	ギバウス	2032/7/19	20:46	射手座／火
	フル	2032/7/23	3:52	水瓶座／風
	ディセミネイティング	2032/7/26	8:15	魚座／水
	ラストクオーター	2032/7/29	18:25	牡牛座／地
8月	バルサミック	2032/8/2	13:22	双子座／風
	ニュー／ブラック	2032/8/6	14:12	獅子座／火
	クレセント	2032/8/10	17:18	天秤座／風
	ファーストクオーター	2032/8/14	16:51	蠍座／水
	ギバウス	2032/8/18	6:04	山羊座／地
	フル	2032/8/21	10:47	水瓶座／風
	ディセミネイティング	2032/8/24	15:36	牡羊座／火
	ラストクオーター	2032/8/28	4:34	双子座／風

	月相	年月日	時刻	星座／エレメント
9月	バルサミック	2032/9/1	3:04	蟹座／水
	ニュー／ブラック	2032/9/5	5:57	乙女座／地
	クレセント	2032/9/9	7:58	蠍座／水
	ファーストクオーター	2032/9/13	3:49	射手座／火
	ギバウス	2032/9/16	14:02	水瓶座／風
	フル	2032/9/19	18:30	魚座／水
	ディセミネイティング	2032/9/23	1:36	牡牛座／地
	ラストクオーター	2032/9/26	18:13	蟹座／水
	バルサミック	2032/9/30	19:38	獅子座／火
10月	ニュー／ブラック	2032/10/4	22:26	天秤座／風
	クレセント	2032/10/8	21:02	射手座／火
	ファーストクオーター	2032/10/12	12:48	山羊座／地
	ギバウス	2032/10/15	21:39	魚座／水
	フル	2032/10/19	3:58	牡羊座／火
	ディセミネイティング	2032/10/22	14:51	双子座／風
	ラストクオーター	2032/10/26	11:29	獅子座／火
	バルサミック	2032/10/30	14:33	乙女座／地
11月	ニュー／ブラック	2032/11/3	14:45	蠍座／水
	クレセント	2032/11/7	8:17	山羊座／地
	ファーストクオーター	2032/11/10	20:33	水瓶座／風
	ギバウス	2032/11/14	5:53	牡羊座／火
	フル	2032/11/17	15:42	牡牛座／地
	ディセミネイティング	2032/11/21	7:19	蟹座／水
	ラストクオーター	2032/11/25	7:48	乙女座／地
	バルサミック	2032/11/29	10:30	天秤座／風
12月	ニュー／ブラック	2032/12/3	5:53	射手座／火
	クレセント	2032/12/6	18:02	山羊座／地
	ファーストクオーター	2032/12/10	4:09	魚座／水
	ギバウス	2032/12/13	15:26	牡牛座／地
	フル	2032/12/17	5:49	双子座／風
	ディセミネイティング	2032/12/21	2:31	獅子座／火
	ラストクオーター	2032/12/25	5:39	天秤座／風
	バルサミック	2032/12/29	5:37	蠍座／水

幸運を引き寄せる

Let phase of the Moon guide your life

神秘のムーンオラクル

The
MOON ORACLE

キャロライン・スミス／ジョン・アストロップ〔著〕
Caroline Smith / John Astorop

鏡リュウジ〔監訳〕

宮田攝子〔訳〕

二見書房

THE MOON ORACLE

by Caroline Smith and John Astrop

Japanese translation published by arrangement
with Eddison Books Limited
through The English Agency (Japan) Ltd.

キャロラインの牡羊座のムーンマザー、ドッティ・スミスと
ジョンの乙女座のムーンマザー、キティ・アストロップに捧ぐ
2013年3月13日に他界したジョン・アストロップを追悼して

はじめに

地球の美しい衛星、月ほど、わたしたちの空想や想像力をかきたてるものはありません。世界各地の神話には、日々変わりゆく月の相や、満ち欠けを繰り返す月をテーマにしたり、なにかの前兆と捉えたりする話が数多くあります。

古代の人びとにとって、毎日沈んでは上る太陽は予測可能で親しみやすい存在で、太陽をもとに暦や季節が考案されました。それに比べ、月は本質的にとても謎めいた存在でした。

月は神秘的で親しみにくく、移ろいやすい存在で、現れ方にもはっきりとしたパターンがありません。魅惑的な満月の夜もあれば、細い三日月のこともあり、天空高く輝くときもあれば、地平線近くに現れることもあります。昼間でも、わたしの姿を消せるものなら消してごらんといわんばかりに、うっすら空に浮かんでいることもあれば、まったく姿を見せない夜もあります。そんな月が人間の心をとらえ、想像力をかきたてたのは当然のことです。

月の影響

月は、わたしたちの生活に大きな影響を与えています。大半の日記帳には、満月と新月の日が記されています。また、月相に合わせて作物を植えたり、剪定や収穫をおこなったりします。月の見え方で翌日の天気を占う方法も、科学的な天気予報に負けないほどよく当たるようです。

青白い月なら雨になり、
赤い月なら風が吹き、
白い月なら雨も雪も降らない。

――ラテン語のことわざ

また、月は人間を狂わせたり、恋心を抱かせたり、狼人間にしたりするとされ、わたしたちは変動する月のリズムに同調しながら暮らしています。

月が軌道を踏みはずしたのか。
月がいつもより地球に近づけば、
人を狂気に駆り立てる。

――シェイクスピア『オセロ』

宇宙のはるかかなたの星々が人間の暮らしに影響を及ぼすわけがないとして占星術を否定する人たちの言い分も、月には通用しません。地球の海の潮が、月の引力によって干満を繰り返していることは、よく知られています。水は人間の身体の大部分を占めるので、月が人間の行動に影響を及ぼしているにちがいないと考えるのも当然のこと。現在それを立証すべく、さまざまな研究がおこなわれています。

幸運を引き寄せる

神秘のムーンオラクル THE MOON ORACLE 目次

風 AIR

水 WATER

月の女神カード 59

月宿（ムーンマンション）カード 85

リーディングの方法 114

月相(ムーンフェーズ) THE MOON PHASE

月は、地球のまわりを29・53日かけてひと巡りします。これが、太陰暦のひと月です。新月から満月までの月の各相は、太陽の光が月面に当たることで現れ、月相を表す月の形は、月と地球と太陽の位置関係で決まります。太陽の光はつねに月の片側に当たり、その反対側は暗い陰となります。左の図で月の軌道と月相の位置関係を示しています。

月相のシンボリズム

満ち欠けを繰り返す月のサイクルは、植物のサイクルにたとえられます。種は発芽して成長し、花を咲かせて実をつけます。葉が枯れて、新しい種をまき散らし、その種は春が来るまで土のなかで眠りにつくというサイクルです。

それぞれの月相は、次のような植物のライフサイクルにたとえられます。

1 クレセントムーン
早春に硬く冷たい大地を割り、新芽が出てきます。

2 ファーストクオータームーン
植物がぐんぐん成長し、葉が生えて大きくなります。

3 ギバウスムーン
植物が栄養と日光をとりこみ、つぼみをつけます。

4 フルムーン
日光をさんさんと浴びて、つぼみが開花します。

5 ディセミネイティングムーン
花が枯れ、実が熟します。

6 ラストクオータームーン
枯れた葉や花が落ち、ひからびた種のさやだけが残ります。

7 バルサミックムーン
さやが割れ、種が地面にまき散らされます。

8 ニュームーン/ブラックムーン
土をかぶった種は春がくるまで眠りにつきます。

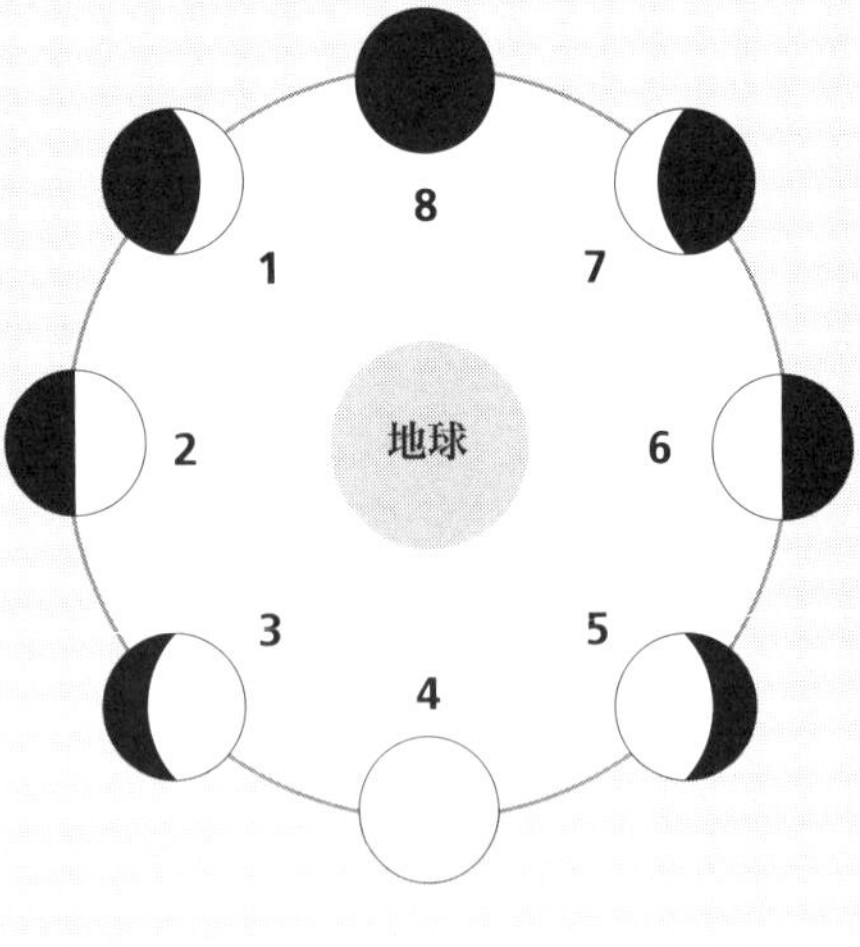

❶ クレセントムーン（三日月）

月は西から東へと地球のまわりを回っています。新月から三日ほどで光の当たる部分がわずかに見えはじめ、月の右端に細い「クレセントムーン」として現れます。月の光る部分が増えていくことを月が満ちていくといいます。

❷ ファーストクオータームーン（上弦の月）

クレセントムーンは三日半かけて、月の右半分に太陽の光が当たる「ファーストクオータームーン」になります。月は90度移動し、地球のまわりを四分の一周しています。

❸ ギバウスムーン（十三夜月）

月はますます満ちていき、地球から見える部分の四分の三に太陽の光が当たる「ギバウスムーン」になります。

❹ フルムーン（満月）

月が夜ごとさらに満ち、太陽と正反対の位置まで来ると、地球からは光が当たる側だけが見えます。

❺ ディセミネイティングムーン（種まき月）

月のサイクルの後半に入り、太陽の光の当たる部分がしだいに減っていきます。これを月が欠けるといいます。三日半後には、もはやフルムーンではなくなり、この月を「ディセミネイティングムーン」といいます。

❻ ラストクオータームーン（下弦の月）

さらに数日経つと、ふたたび光が当たる部分と陰になる部分が半分ずつとなる「ラストクオータームーン」になり、今度は月の左半分が光り輝きます。月は地球のまわりを四分の三周しています。

❼ バルサミックムーン（鎮静の月）

月はますます欠けて、月の左端にわずかに太陽の光が当たる細いクレセントムーンになります。これが「バルサミックムーン」です。

❽ ニュームーン／ブラックムーン（新月）

月が地球と太陽のちょうど間にきたところで、月のサイクルは一巡します。地球から見えるのは、光が当たらない陰の面だけなので、月が完全に姿を消したように見えます。地球と月と太陽が完全に一直線上に並ぶと日食が起こります。

わたしたちはみな、それぞれ特定の月相のときに生まれ、その月相特有の性質を多少なりとも有しています。たとえば、「クレセントムーン」のときに生まれた人は、新しい事業を始めたり、流行の仕掛け人になったりすることがよくあります。「フルムーン」生まれの人は、脚光を浴びるのが好きで、なんとかして仕事を成しとげます。「バルサミックムーン」生まれの人は、自分では見ることのない未来のために種をまきます。いまや豊かな森となっている小さな苗木を何世紀も前に植えた人たちのように。

自分が生まれたときの月相を調べるには、すこし計算する必要がありますが、多くの占星術師が出生地や出生日時から正確に調べられる表を提供しているので、それを利用するとよいでしょう。手軽に調べられるインターネットのサイトも数多くあります。

自分の月相がわかれば、毎月その月相が近づくにつれ、ものごとが順調に進みやすくなることに気づくでしょう。また、自分が生まれた月相と正反対の月相になると緊張感をおぼえるかもしれません。

わたしたちが生まれたときの月相の性質を示すように、特定の月相のときに起こるできごとも、その月相特有の性質を帯び、その月相に適した活動というものがあります。たとえば「フルムーン」のときは、プロジェクトを成功させるのに最適です。逆に「ニュームーン／ブラックムーン」のときはプロジェクトを保留にし、機が熟すまで待ったほうがよいでしょう。各月相のイメージはわかりやすいので、質問に関する具体的な答えをすぐに見いだせるでしょう。

月相ごとの性格タイプ

1　クレセントムーン（三日月）

ホロスコープで月が太陽の位置と比べて４５–９０度前方にいるときに生まれた人は、「クレセントムーン」タイプ。行動を起こしたいという衝動に駆られやすく、自己主張も激しいです。新しいプロジェクトに進んで飛びこみたがりますが、じつはそれが過去から逃れるためだったということもよくあります。無意識のうちに幼少期の経験に打ちのめされていると感じることもあります。

2　ファーストクオータームーン（上弦の月）

ホロスコープで月が太陽の位置と比べて９０–１３５度前方にいるときに生まれた人は、「ファーストクオータームーン」タイプ。管理的な仕事や強制力のある行動にかかわるとやる気が出て、充実感を味わえます。安定した未来のために基礎固めすることが大切だと考える人ですが、よりよい方法が導入されて古いやり方が一掃されるのも歓迎します。夢を追いかけるよりも、基礎を築くタイプです

3　ギバウスムーン（十三夜月）

ホロスコープで月が太陽の位置と比べて１３５–１８０度前方にいるときに生まれた人は、「ギバウスムーン」タイプ。個人的な成長を重視する人です。社会的な意義や価値のあることに貢献したいと考え、そのために喜んで働きます。人生の明確な目標をもち、立派な信条や大義のことをつねに考えています。

4　フルムーン（満月）

フルムーンの日とその３・５日後までに生まれた人は、「フルムーン」タイプ。人から注目されるのが大好きで、自分の成果が人に認められ、その成果で世の中に影響を与えたいと思っています。個人と社会の要素の関係を客観的かつ明確に理解しています。

5 ディセミネイティングムーン（種まき月）

ホロスコープで欠けていく月が太陽の位置と比べて135-90度後方にいるときに生まれた人、つまりフルムーンの3・5日後から7日後までに生まれた人は、「ディセミネイティングムーン」タイプ。自分の知識や経験を上手に使いこなせる人です。他人の真価や仕事を認め、それを伸ばすのも得意。自分が価値を認めたものを宣伝し、世の中に広めていくでしょう。

6 ラストクオーターームーン（下弦の月）

ホロスコープで欠けていく月が、太陽の位置と比べて90-45度後方にいるときに生まれた人は、「ラストクオーターームーン」タイプ。自分の思想的信条を日常生活に持ちこみたがる人です。自分が守らなければならないと思う態度や原則に公私ともに固執する傾向があります。未来の世代のために樹を植える「バルサミックムーン」タイプの人と同じく、自分では見ることのない未来のために働く準備ができています。

7 バルサミックムーン（鎮静の月）

ニュームーンの3・5日前からニュームーンの日までに生まれた人は、「バルサミックムーン」タイプ。未来の予知能力に近いものを持っています。自分の人生目標に向かって行動しつつも、社会の運命を強く意識しているでしょう。感情がかなり激しく、直感的能力が発達しています。

8 ニュームーン／ブラックムーン（新月）

ニュームーンの日からその3・5日後までに生まれた人は、「ニュームーン」タイプ。他人や社会全般との関わりにおいて客観的、衝動的、感情的です。夢と現実を区別するのが苦手で、身近な人たちをその人の真の姿ではなく、自分の思い込みでとらえがち。まわりの人に影響を与える先導者であり、今日あなたがしたことを明日は他人がするでしょう。再出発が大好きで、大量のがらくたを処分するのも得意です。

エレメント

占星術やあらゆるシンボリズムでは、「火」「地」「風」「水」の四大エレメントが、それぞれ「創造性」「物質界」「精神活動」「感情」の特質を表します。

月は地球のまわりを回りながら、占星術で黄道十二宮とよばれる、黄道を30度ずつ十二等分した領域も移動していきます。月はひとつの星座をおよそ2・5日かけて通過し、太陰暦のひと月のあいだに十二星座のすべてを通ります。月は八つの月相のいずれかのときにどこかの星座にいて、その星座によってその月相を支配するエレメントが決まります。

十二星座は、次のような四大エレメントに分けられます。

「火」―牡羊座、獅子座、射手座
「地」―牡牛座、乙女座、山羊座
「風」―双子座、天秤座、水瓶座
「水」―蟹座、蠍座、魚座

火のエレメント

創造性といえば芸術のことだと多くの人は思うでしょうが、それだけではありません。わたしたちはみな、ことを起こす、つまり、なにもないところからなにかを生みだす、あるいは可能性を見いだすビジョンをもち、その可能性を具体化すべく努力するという意味において、創造性を発揮しています。人はみな、程度の差こそあれ創造的なのです。実業家が潜在的なマーケットを見つけ、これまでになかった商品やサービスの提供を始めれば、それは創造的なことです。なんらかの行動を起こし、計画を実行に移すとき、あなたは創造性を発揮し、あなたのなかの「火のエレメント」を活性化させています。あらゆる創造的な活動にビジョンがともなうのは、「火のエレメント」がものごとを予見する直感力をも表すからです。

・「火のエレメント」に関する事柄――創造的な仕事、計画のスタート、競争、熱意、興奮、誇張、駆け引き、情熱、自己顕示、娯楽
・「火のエレメント」の月相カードは、赤色です。

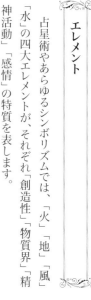

地のエレメント

家、お金、資産、所有物、獲得物など有形の物質や、容姿、衣服、食物、健康など人の身体に関することは、すべて「地のエレメント」に属します。人間は仲間意識が強く、他人も自分の所有物とみなすので、家族、友人、子ども、仕事仲間も「地のエレメント」。成長する可能性を秘めているものもすべてそうで、家や宮殿、一大帝国の建設、事業の立ち上げもしかり。「地のエレメント」は、権威、社会的地位、技能、功績も意味します。

・「地のエレメント」に関する事柄——制度、法律、日課、事業、買い物、保険、ローン、貯金、遺産、伝統、経歴、建物、園芸、農業、銀行業

・「地のエレメント」の月相カードは、緑色です。

風のエレメント

「風のエレメント」は、知性に関すること全般を表し、アイデア、論理的で想像力豊かな思考、教えること、学ぶこと、他人とのコミュニケーション、執筆活動、マスコミ、契約、合意など広範囲にわたります。また、パーティ、友人との集まり、社交行事、祝賀会、同窓会など浅い人付き合いも、このエレメントの範疇《はんちゅう》です。コミュニケーションと関係が深いので、電話、Ｅメール、手紙、短期の旅行もこれに当たり、生涯学習、マスコミ、テレビなど、広い意味での精神活動もそうです。

・「風のエレメント」に関する事柄——アイデア、発明、理性、概念、多才さ、説明、論理的思考、会合、議論、契約

・「風のエレメント」の月相カードは、黄色です。

水のエレメント

「水のエレメント」は、わたしたちの生活の感情的な側面を表し、愛、憎しみ、欲望、反感、喜び、苦悩など、わたしたちの感情のあり方を示します。感情的に親密な間柄である家族、恋人、ライバル、さらには敵も「水のエレメント」です。また、予感、恐れ、思い出、ノスタルジーを象徴し、とりわけ無意識を表すので、ほかの三つのエレメントすべてと関わりがあります。「水のエレメント」のシンボリズムは、水そのものと同じく、あなたがどのように自分の入っている容器にあわせた形になり、感情を適応させているかを示します。感情は水のように移り変わり、潮のように満ちては引き、困難な状況に打ち寄せて、尽きることがありません。水が硬い岩を侵食するように、「水のエレメント」は四つのエレメントのなかでもっとも強力で持続的です。

・「水のエレメント」に関する事柄――愛、憎しみ、怒り、感傷、同情、思いやり、やさしさ、不満

・「水のエレメント」の月相カードは、青色です。

エレメントと月相の組み合わせ

月相カードは、八つの月相と四つのエレメントのスートを組み合わせた三十二枚。デッキのなかでいちばん重要なカードです。リーディングするときの空に浮かんでいる現在の月とわたしたちと結びつけ（24ページ参照）、あるできごとが過去のいつごろ起こったか、将来いつごろ起こるのかを教えてくれる、とてもユニークなカードです。

八つの月相の意味を理解していれば、それをエレメントごとに解釈するのは簡単です。月相は、植物にたとえれば種から実までの成長段階を示し、エレメントは注目すべき分野を表します。

たとえば、「地のクレセントムーン」は事業の新芽（始まり）を意味し、おそらくは資金計画の始まりを指します。「水のフルムーン」は人間関係や感情面の開花を意味し、たぶん自分の感情を人に明かすことを示唆するでしょう。「火のバルサミックムーン」なら、創造的活動の種をまき、それがかなりの時間を経て動き出すことを意味し、時機が来るまでプロジェクトを温める必要がありそうです。「風のラストクオータームーン」は、これまで

うまくいっていたアイデアの見直しや新しい提案を意味し、過去の成功を利用することになるかもしれません。

とてもシンプルな組み合わせなので、自分ですこし占ってみれば、月相カードを解釈できるようになるでしょう。

◎月相カードのキーワード

1		クレセントムーン	芽	火	衝動
				地	投資
				風	アイデア
				水	直感
2		ファーストクオータームーン	葉	火	競争
				地	安定
				風	適応
				水	選択
3		ギバウスムーン	つぼみ	火	個性
				地	野心
				風	宣伝
				水	情熱
4		フルムーン	花	火	承認
				地	達成
				風	解決
				水	成就
5		ディセミネイティングムーン	実	火	自信
				地	責任
				風	名声
				水	献身
6		ラストクオータームーン	落下	火	障害
				地	原理
				風	挑戦
				水	ごまかし
7		バルサミックムーン	種	火	妥協
				地	交渉
				風	譲歩
				水	幻滅
8		ブラックムーン	休眠	火	再充電
				地	節約
				風	修正
				水	孤独

月宿（ムーンマンション） THE MOON MANSION

月宿は、世界各地の占星術に見られ、太陽ではなく月を基準とした最古の占星術から発達したと考えられます。実際にバビロニアやエジプトの占星術は月を基準としていたことがわかっており、ローマ帝国の初代皇帝アウグストゥスも、自分の太陽星座ではなく、月星座である山羊座を帝国の硬貨に刻みました。

月が一周する黄道十二宮を二十八等分すると、ひと区切りは太陰暦における一日の長さとほぼ同じになります。そのひと区切りを月宿といい、黄道十二宮の12度51分ずつを占めます。月相が変化するのと同じく、月宿も移り変わります（次ページ参照）。

伝統的に黄道十二宮の各星座は、さらに10度ずつ三つのデカン（10度区分）に分けられます。それぞれのデカンには、その星座が属するエレメントの三つの星座の支配星が割り当てられています。火のエレメントである牡羊座の場合、第1デカンは牡羊座自身と火星、第2デカンは獅子座と太陽、第3デカンは射手座と木星に支配されています。それぞれの月宿は、対応する星座や支配星の性質を帯び、通常は二つの星座が合わさった性質を有します。

月宿カードは、二十八枚です。月宿カードの名前から簡単な特徴がわかり、慣れてくれば、絵を見ただけでリーディングができるでしょう。占星術では月宿ごとに意味が定義されていて、カードの解釈もそれに従っています。月相カードと月宿カードを組み合わせれば、じつに多彩なリーディングが可能になります。

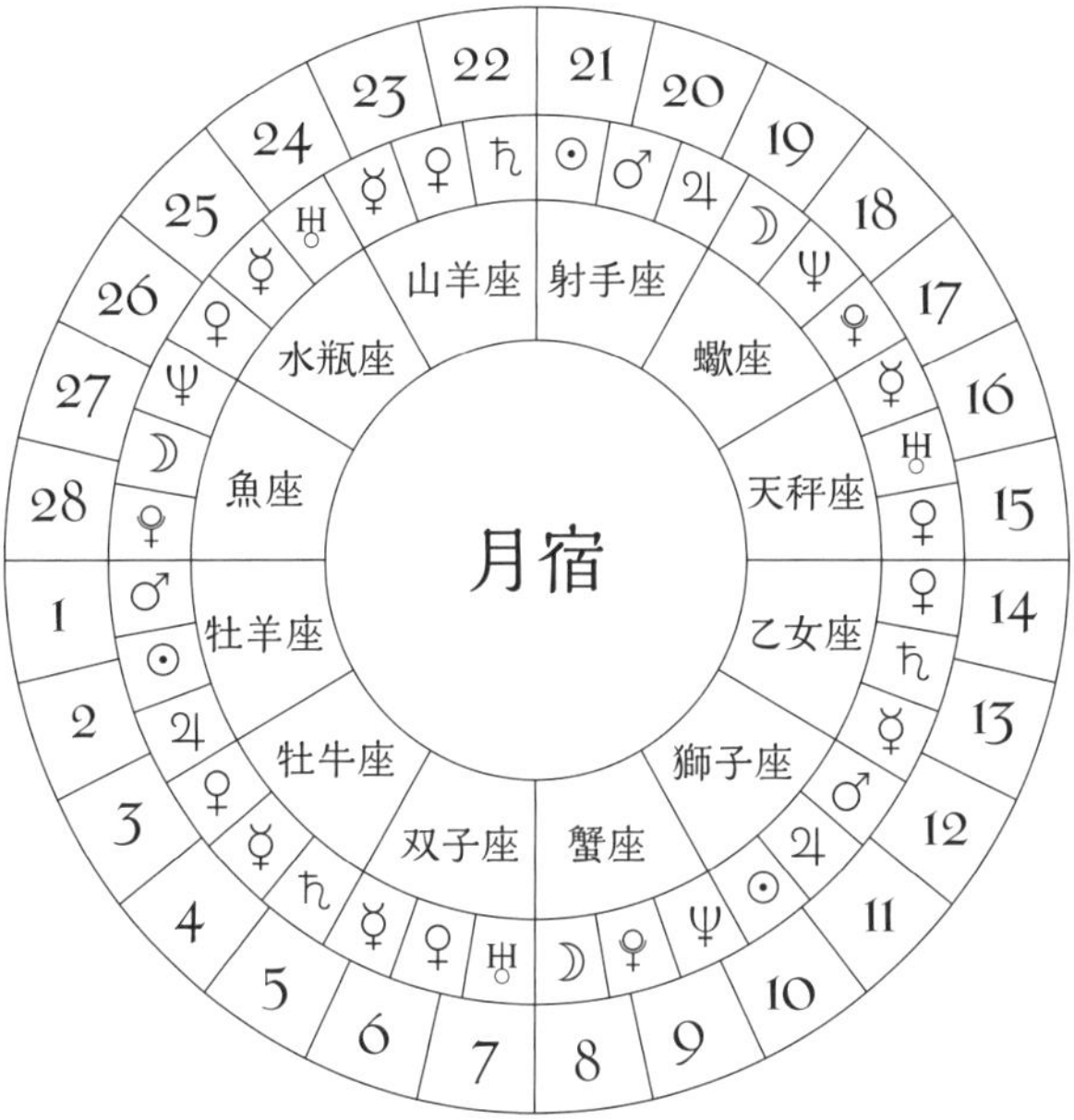

マーク	惑星	関連星座とマーク
☉	太陽	獅子座 ♌
☽	月	蟹座 ♋
☿	水星	双子座 ♊、乙女座 ♍
♀	金星	牡牛座 ♉、天秤座 ♎
♂	火星	牡羊座 ♈
♃	木星	射手座 ♐
♄	土星	山羊座 ♑
♅	天王星	水瓶座 ♒
♆	海王星	魚座 ♓
♇	冥王星	蠍座 ♏

◎月宿カードのキーワード

	月宿	始まり	終わり	惑星	キーワード	エレメント
1	火山	00.00 ♈	12.51 ♈	♂☉	力を蓄積する	火
2	音楽家	12.51 ♈	25.43 ♈	☉♃	格好の機会、高い創造性	火
3	宮殿	25.43 ♈	08.34 ♉	♃♀	勝手気まま、自己顕示	火/地
4	石	08.34 ♉	21.26 ♉	☿♄	慣れ親しんだものに固執する	地
5	車輪	21.26 ♉	04.17 ♊	♄☿	よい人脈づくり	地/風
6	橋	04.17 ♊	17.08 ♊	☿♀	妥協の懸け橋、共通点を突然見いだす	風
7	訪問者	17.08 ♊	00.00 ♋	♀♅	思いがけない人間関係	風/水
8	騎士	00.00 ♋	12.51 ♋	☽♀	保護本能	水
9	水瓶	12.51 ♋	25.43 ♋	♀♆	他人を助ける	水
10	噴水	25.43 ♋	08.34 ♌	♆☉	あなたの才能を分け与える	水/火
11	フォルトゥーナ（運命の女神）	08.34 ♌	21.26 ♌	☉♃	このうえない幸運	火
12	転落	21.26 ♌	04.17 ♍	♂☿	再出発が必要	火/地
13	祭壇	04.17 ♍	17.08 ♍	☿♄	他人の期待に応える	地
14	笏	17.08 ♍	00.00 ♎	♄♀	注目される地位につきたい	地/風
15	花束	00.00 ♎	12.51 ♎	♀♅	許されない情事または関係	風
16	扉	12.51 ♎	25.43 ♎	♅☿	突然の決定、またはあらたなチャンス	風
17	剣	25.43 ♎	08.34 ♏	☿♀	復讐を考える、訴訟	風/水
18	犠牲	08.34 ♏	21.26 ♏	♀♆	犠牲、または極端な感情	水
19	二つの道	21.26 ♏	04.17 ♐	☽♃	楽観的な旅の始まり、興奮	水/火
20	崖	04.17 ♐	17.08 ♐	♃♂	性急な行動、無謀な決定	火
21	決闘	17.08 ♐	00.00 ♑	♂☉	競争、対立する二つの意見の衝突	火/地
22	結婚	00.00 ♑	12.51 ♑	♄♀	同調的な行動、体面を保つ	地
23	告白	12.51 ♑	25.43 ♑	♀☿	秘密の会話、身の上相談役になる	地
24	仮面	25.43 ♑	08.34 ♒	☿♅	だれかがなにかを隠している	地/風
25	反逆者	08.34 ♒	21.26 ♒	♅☿	信念を主張する、突飛な行動	風
26	囚人	21.26 ♒	04.17 ♓	♀♆	状況からの逃げ道を探す、裏切り	風/水
27	導師《グル》	04.17 ♓	17.08 ♓	♆☽	インスピレーション、または逃避	水
28	眠る人	17.08 ♓	00.00 ♈	☽♀	予感、疑念	水/火

月の女神 THE MOON GODDESSES

世界各地の神話では、太陽神がもっぱら男神なのに対し、月は女神と結びつけられています。多くの場合、女神は生と死をつかさどる力をもち、きわめて慈悲深い女神もいれば、恐るべき憎悪や残忍さをはらんだ女神もいます。こうした女神たちは人間ではありませんが、人間だれもの心にひそむ善と悪の特質を体現しています。

月の女神カードでは、十二人の女神を季節ごとの十二星座に対応させています。初々しい白い女神は、春の季節の魚座、牡羊座、牡牛座、双子座をつかさどり、成熟した持続的な赤い女神は、夏の季節の蟹座、獅子座、乙女座、天秤座、破壊的な黒い女神は、蠍座、射手座、山羊座、水瓶座に対応します。

リーディングでは、スプレッド（カードの展開法）の一枚として引いた月の女神カードが、質問に対し重要な役割を担います。カードの女神は、守護天使やおとぎ話で主人公の苦境を救う妖精のような役目を果たし、質問した人に適切なメッセージを与えます。その内容は女神ごとにさまざまですが、問題に対するもっとも効果的な対策なので、女神の声に耳を傾けてください。女神は、あなたの質問や問題に対し、どうすれば望ましい結果が得られるかを示唆します。十二人の女神たちと親しくなるには、その日の女神のカードを引き、その特質があなたの人生のできごととどう関わっているかを見てみるとよいでしょう。

◎女神と星座の関係

白い女神	
イシュタル	魚座
アルテミス	牡羊座
ヴィーナス	牡牛座
アテネ	双子座
赤い女神	
ヘラ	蟹座
イシス	獅子座
デメテル	乙女座
ガイア	天秤座
黒い女神	
リリス	蠍座
カーリー	射手座
ヘカテ	山羊座
フレイア	水瓶座

再生
死
創造
維持
ヘカテ
カーリー
リリス
ガイア
デメテル
イシス
ヘラ
アテネ
ヴィーナス
アルテミス
イシュタル
フレイア
黒い月
白い月
赤い月

月相カード

☽ リーディングのときの月

リーディングをおこなうときは、まず現在の月相を示すカードを抜き出します。これが「リーディングのときの月」カードで、わたしたちを占いのパワーや現在の月の雰囲気と結びつけ、占い全体に大きな影響を与えます。「リーディングのときの月」が、月が満ちていく時期のものなら、フルムーンが象徴する成功へと成長する可能性をつねに表し、逆に月が欠けていく時期なら、状況はしだいに悪化し、休眠状態を経ての再出発となるでしょう。「リーディングのときの月」を巻末の月の運行表で調べると、そのとき月がいるエレメントと星座がわかり、より詳しい解釈が可能になります。これがリーディング全体の基調となり、ほかのカードの解釈にも影響を与えます。

☽ 月相カードを使って「過去」と「未来」を知る

「リーディングのときの月」として抜き出したカード以外の月相カードは、過去か未来を表し、巻末の月の運行表でカードが示唆する時期を知ることができます。たとえば、リーディングで過去のできごととして選んだカードが「水のクレセントムーン」なら、月の運行表をさかのぼり、もっとも近い「水のクレセントムーン」の日付を調べます。ときには数ヵ月前までさかのぼることもあります。

たとえば、二〇一六年十二月五日に「スリーカード占い」をしたとします。月

の運行表によれば、「リーディングのときの月」は「地のクレセントムーン、山羊座」です。つぎにシャッフルした月相カードのデッキから、過去のカードとして「水のフルムーン」、未来のカードとして「風のディセミネイティングムーン」を選びました。

過去の位置に出た「水のフルムーン」は、重要な感情的事柄が最盛期を迎える、あるいは明らかになることを意味します。それはいつでしょう？　月の運行表をさかのぼると、二〇一六年九月十六日が「魚座のフルムーン」なので、解説はこうです（53ページ参照）。

「思い描いたことがすべて実現し、高揚感を味わえます。人間関係では、最愛の人を理想化しすぎる恐れがあります」

これにより過去を深く洞察でき、そのときの月とじかにつながることができます。

つぎに、未来のカードである「風のディセミネイティングムーン」を調べてみます。二〇一七年二月十四日が「天秤座のディセミネイティングムーン」なので、解説はこうです（46ページ参照）。

「他人からあなたの価値を認められ、過去の業績を高く評価されます。自分のアイデアがみんなに好評だとわかり、安心してくつろげます」。ですから質問の内容がなんであれ、問題がいつごろ解決しそうか、その時期がよくわかります。

このように月相カードを引いて、月の運行表を調べると、その月相が最近いつごろ現れたか、次はいつごろ現れるかがわかります。

CRESCENT MOON WAXING IN FIRE

火のクレセントムーン

Shoots ◆ Impulse

芽・衝動

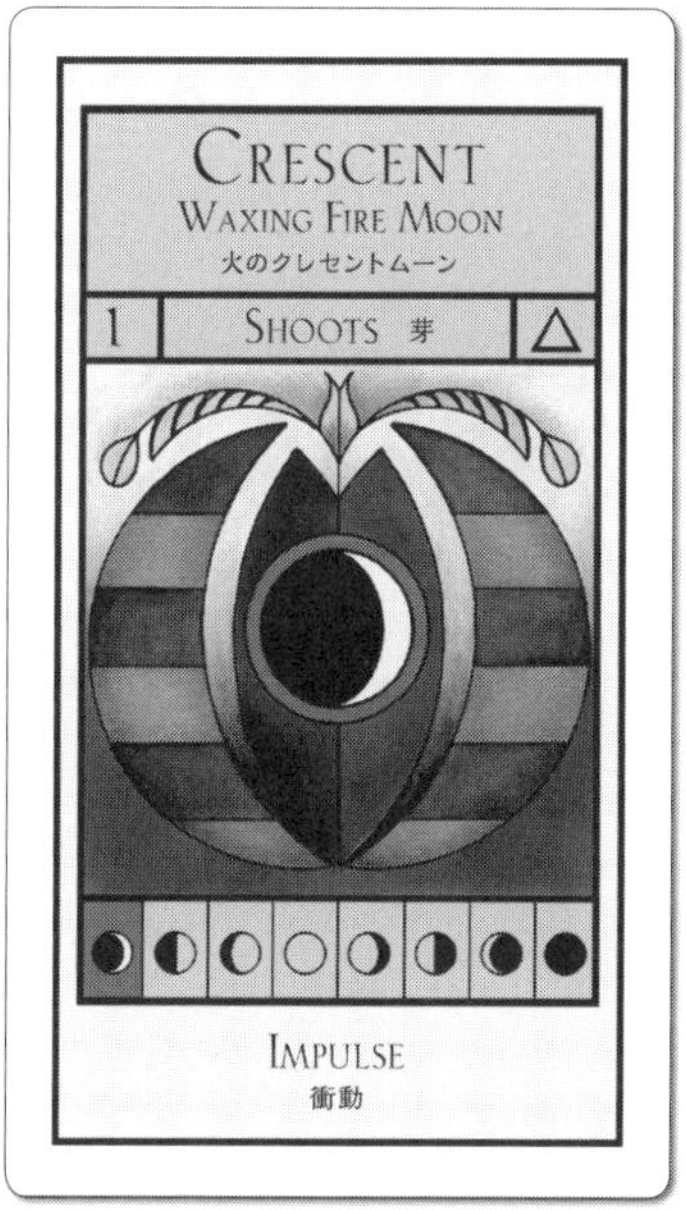

火の細い「クレセントムーン」は、血気盛んで衝動的。「待てない」のがこの時期の特質で、だれもが軽率で刺激的な行動へと駆り立てられます。この時期ならではの楽観主義と熱意に押され、創造的な第一歩をスタートさせます。

　このカードが月の運行表から選んだ月相カードなら、星座別の詳しい解説も参考にしてください。

☽ **牡羊座の月**　ビジョンもエネルギーも万全のいま、なにを待つ必要があるでしょう？　この月相のときはだれの助けもいらないはず。自分の思うままに進みましょう！

☽ **獅子座の月**　プロジェクトを引き受けたい、先頭に立って行動したいと強く思います。また、みんなに自分の働きを知り、高く評価してもらいたいとも思います。

☽ **射手座の月**　あなたは地平線を見つめています。そこにたどり着いたら、だれかがあとに続くでしょう！　いまこそ希望を胸に旅立つときです。

FIRST QUARTER MOON WAXING IN FIRE

火のファーストクオータームーン

Leaves ◆ Competitiveness

葉・競争

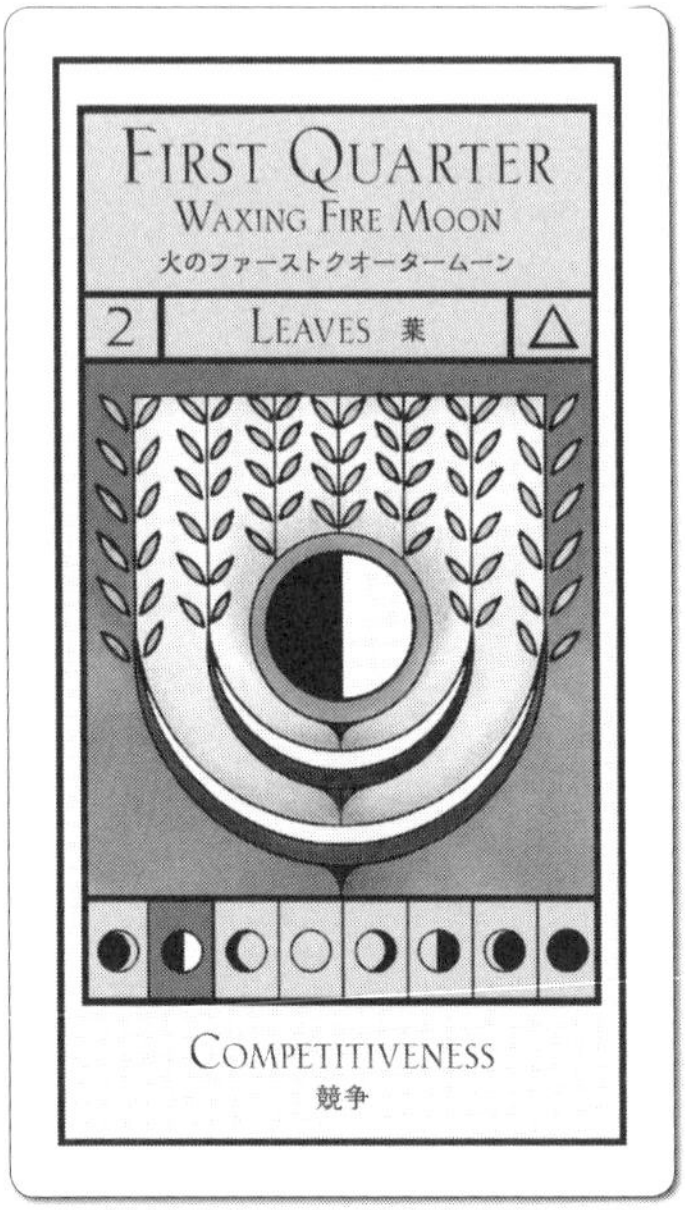

月と太陽の角度が90度になる「ファーストクオータームーン」は、太陽の光が当たる部分と陰になる部分が半分ずつとなり、あらゆるもののバランスが保たれています。しかし、火のエレメントは、それだけでは満足できません。ものごとを自分に都合よく推し進めたいという強い衝動が起こり、勝ちたいという欲求が強まります。

このカードが月の運行表から選んだ月相カードなら、星座別の詳しい解説も参考にしてください。

☽ **牡羊座の月**　この月相のなかで、もっとも攻撃的。前進のためにあらゆる障害を取り除き、ライバルを倒したいという衝動が最高潮に達します。

☽ **獅子座の月**　ライバルや反対者があなたの価値を明らかに認め、道を譲ってくれそうです。あなたは神がかり的な成功する権利を手にしています！

☽ **射手座の月**　真実を探求するなかで、いま前方に光が見えます。だれかに不快な思いをさせても仕方ありません。そこに到達することが、とにかく重要です。

Gibbous Moon Waxing in Fire

火のギバウスムーン

Buds ◆ Individuality

つぼみ・個性

月の光が輝きを増すにつれ、あなたの道に立ちはだかるあらゆる障害が取り除かれ、あなたがとるべき行動はおのずと決まってくるでしょう。この月相のときは、自分の運命を完遂させる強い原動力を感じます。

　このカードが月の運行表から選んだ月相カードなら、星座別の詳しい解説も参考にしてください。

☽ **牡羊座の月**　あなたは、現在推進中のプロジェクトにひたすら専念しています。前進を阻むものはなにもなく、あなたはその成果を見たいと熱望しています。

☽ **獅子座の月**　この時期は、いわば舞台の最終リハーサル。みんな、せりふも演技も万全です。あとは、すばらしい本番に向けて最後の仕上げをするだけです。

☽ **射手座の月**　旅が終わりに近づき、いいようのない悲しみがこみ上げてきます。あなたはつぎのプロジェクトについて考えはじめるでしょう。

FULL MOON IN FIRE

火のフルムーン

Flower ◆ Recognition

花・承認

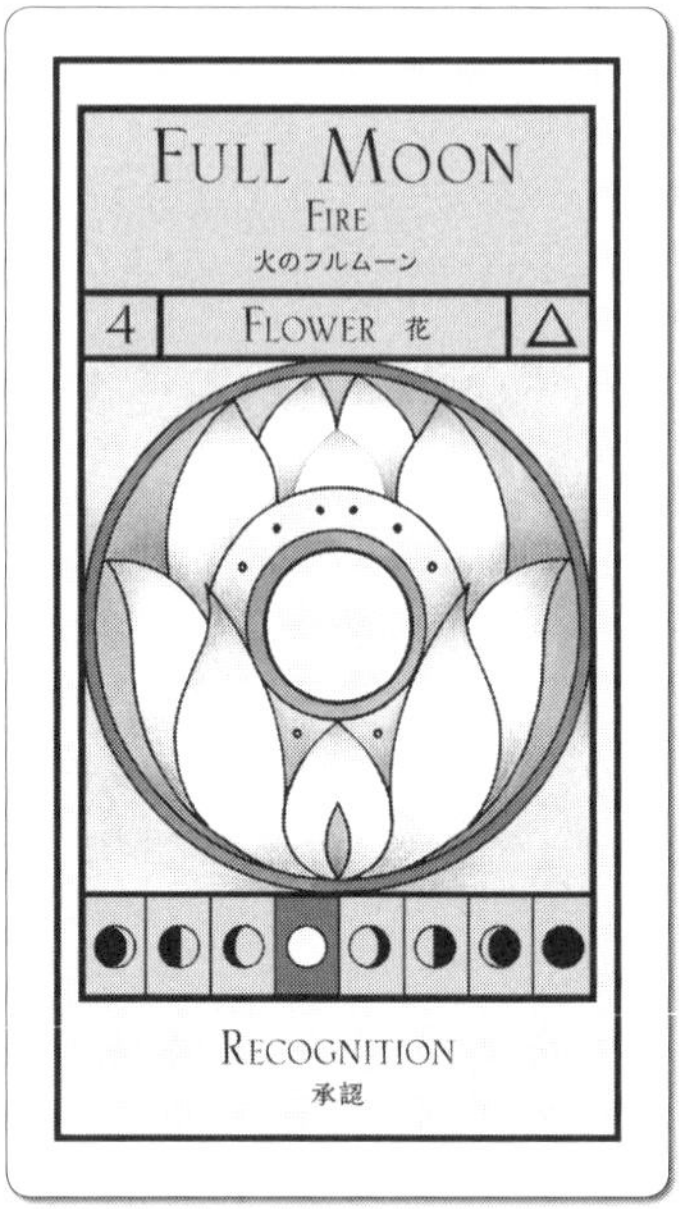

創造的なプロジェクトが成功裏に完成します。あなたの仕事の成果を人に見てもらうときです。あなたの功績が認められ、プロジェクトが望みどおりの結果となります。

このカードが月の運行表から選んだ月相カードなら、星座別の詳しい解説も参考にしてください。

☽ **牡羊座の月**　あなたは戦いの勝者、英雄です。かならず勝つという決意を掲げ、あらゆる困難を克服しました。満足感に浸りつつ、しばしくつろぎ、休息しましょう。

☽ **獅子座の月**　役者の星座なので、獅子座のフルムーンはすばらしい舞台を上演し、人から拍手喝采を浴びる必要があります。いまの栄光に満足し、称賛に浴するときです。

☽ **射手座の月**　あなたは旅人、探検家、冒険家です。ついに目的地にたどり着き、成功を収めました。

Disseminating Moon Waning in Fire

火のディセミネイティングムーン

Fruit ◆ Confidence

実・自信

過去の功績から得られる利益を収穫するとき、努力の成果が得られるときです。これまでの功績を振り返れば、さらに自信がつくでしょう。自分が以前から手がけて自信を持っていることを宣伝し、発展させる時期です。

このカードが月の運行表から選んだ月相カードなら、星座別の詳しい解説も参考にしてください。

☽ **牡羊座の月** 過去の努力が正当に評価されるとき。名声を享受し、その追い風を受けて過去のアイデアを発展させられます。

☽ **獅子座の月** 過去に他人が手がけた仕事を発展させることで、あなたの人気と評価が高まります。

☽ **射手座の月** あなたは自分の考え方に自信をもち、率直かつ積極的に発言します。あなたの評判は上々で、海外との縁にも恵まれるでしょう。

LAST QUARTER MOON WANING IN FIRE
火のラストクオータームーン

Fall ◆ Opposition

落下・障害

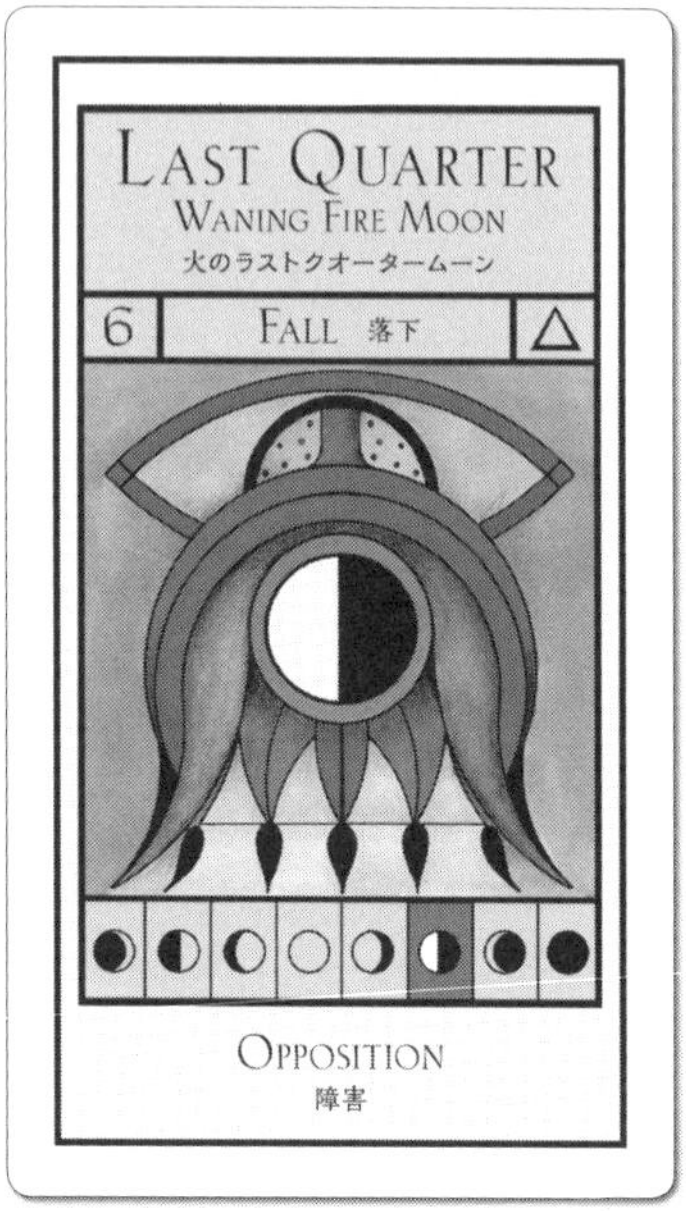

月と太陽の角度がふたたび90度になり、月のサイクルは、すべてのバランスが保たれている重大な時期に入りました。この時期はものごとが順調に進みにくいので、強引に推し進めたり、自分からことを起こしたりしなければならない傾向が強まります。

このカードが月の運行表から選んだ月相カードなら、星座別の詳しい解説も参考にしてください。

☽ **牡羊座の月**　目標達成のため、自分の思いどおりにものごとを進めたり人を動かしたりするには、強引に実力行使する必要がありそうです。

☽ **獅子座の月**　自分の評判や尊敬される立場を保つために、懸命に働く必要があります。過去の成功頼みでは、あなたの価値を他人に認めさせることはできません。

☽ **射手座の月**　二つの相反する道に直面し、どちらも一見して正しい道には思えません。二歩進んでは一歩下がるような感じです。

Balsamic Moon Waning in Fire

火のバルサミックムーン

Seeds ◆ Compromise

種・妥協

月が欠けて右向きの「クレセントムーン」になると、〝種〟の状態になります。この時期は将来のために蓄えるような感じがあり、それはどこか予言めいています。自分の私欲とは無関係のことが起こりつつあることを感じます。

このカードが月の運行表から選んだ月相カードなら、星座別の詳しい解説も参考にしてください。

☽ **牡羊座の月**　思い立ったら即行動しないと気がすまない星座なので、この時期特有の不活発な状態を強いられることに強い不満を抱きます。

☽ **獅子座の月**　獅子座は、待ちの戦術が牡羊座よりも得意で、将来のプロジェクトを創造的にイメージする才能ももちあわせているので、この時期でも真価を発揮できるでしょう。

☽ **射手座の月**　牡羊座と同じく創造的な活動を重視する星座ですが、長期的な計画に目を向けることもできるでしょう。

Black Moon in Fire
火のブラックムーン
Dormant ◆ Recharge
休眠・再充電

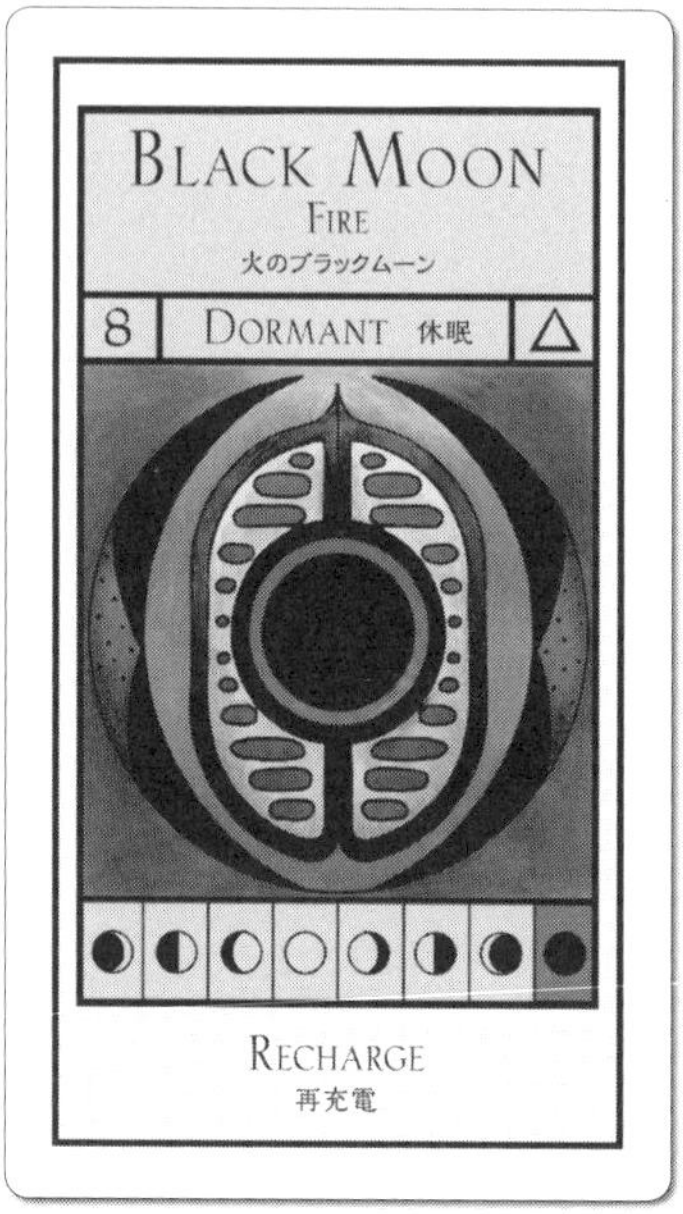

月が暗闇に姿を消す「ブラックムーン」は、火の星座にとって居心地の悪い時期です。創造的な活動やエネルギーが必要だとわかっていながら、休息と再充電を余儀なくされるので、いらだちが募ります。

このカードが月の運行表から選んだ月相カードなら、星座別の詳しい解説も参考にしてください。

☽ **牡羊座の月**　なにも活動しないがゆえに、攻撃的で極端な態度をとる恐れがあります。無理に行動を起こしても、なんの成果も得られず、ようやく休息が必要だとわかるでしょう。

☽ **獅子座の月**　創造的なプロジェクトを誇示できないので、意気消沈するでしょう。獅子座は、奮闘する姿を人に見てもらう必要があります。

☽ **射手座の月**　空想と現実の間で板挟みになります。エネルギーを充電するため自分の殻に閉じこもる必要性と、どこかへ行きたいという願望がぶつかりあいます。

CRESCENT MOON WAXING IN EARTH

地のクレセントムーン

Shoots ◆ Investment

芽・投資

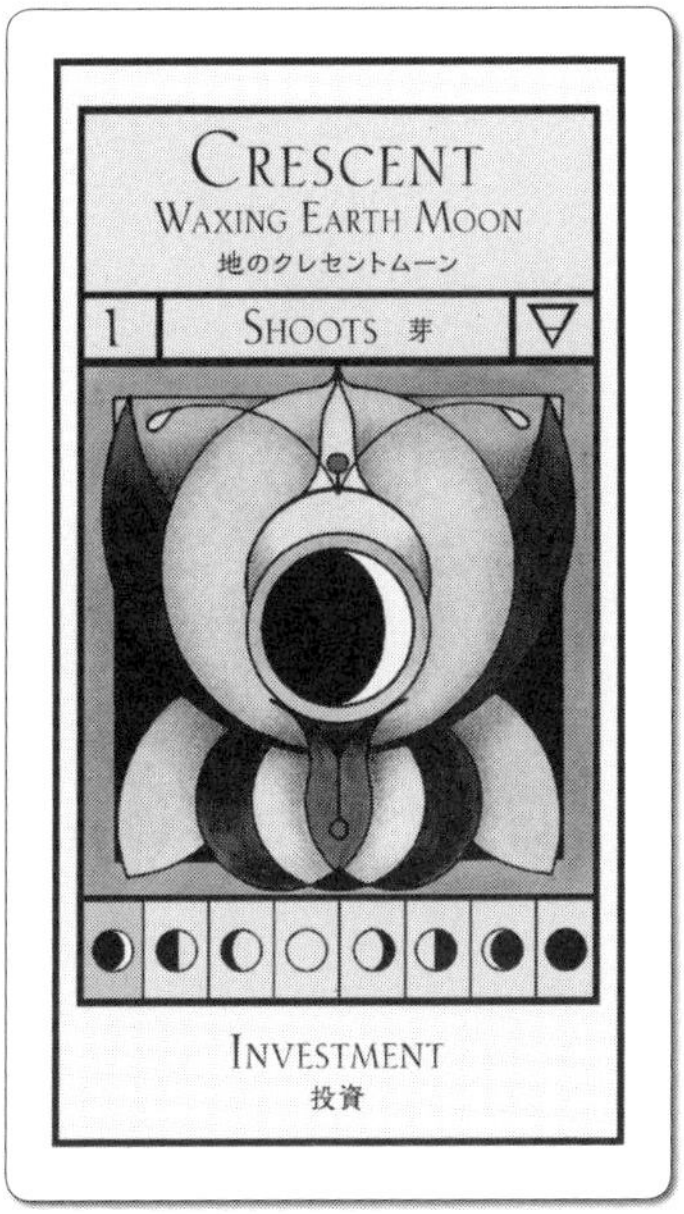

地の細い「クレセントムーン」は、ゆっくり着実、慎重に大事なものをはぐくみます。後々実を結びそうだと思う物質的なものに投資する時期です。急ぐことはありません。なにごともしかるべきときに実ります。

このカードが月の運行表から選んだ月相カードなら、星座別の詳しい解説も参考にしてください。

☽ **牡牛座の月**　園芸家の星座として有名なので、この星座のときは、細心の注意を払いプロジェクトの準備をする傾向があります。

☽ **乙女座の月**　将来のために準備するときです。プロジェクトがきわめて順調に進み成功するよう、必要なことをすべておこないましょう。

☽ **山羊座の月**　山羊座は基本的に忍耐強い星座。小さな芽を大きくそだてるためにどれだけ時間や努力を要しても、いずれは山羊座の月の力で成就します。

First Quarter Moon Waxing in Earth

地のファーストクオータームーン

Leaves ◆ Stability

葉・安定

月と太陽の角度が90度になる「ファーストクオータームーン」では、月の右半分に光が当たり、左半分は暗い陰。すべてのバランスが保たれているので、自分の思いどおりにバランスを動かす必要があります。地のエレメントにはこれがよい刺激となり、プロジェクトを軌道に乗せ成功へ導こうとする管理欲求が生まれます。

このカードが月の運行表から選んだ月相カードなら、星座別の詳しい解説も参考にしてください。

☽ **牡牛座の月**　頑固で身勝手なやり方をしがち。物質的なことに関し、容赦ない欲望を示します。

☽ **乙女座の月**　プロジェクトの手順や方法を整えるのに理想的な時期。重要な技術的細部を仕上げるときです。

☽ **山羊座の月**　有力者の力を借りて、いまのバランスを自分の思いどおりに傾けられるでしょう。次の段階への地固めに理想的なときです。

Gibbous Moon Waxing in Earth

地のギバウスムーン

Buds ◆ Ambition

つぼみ・野心

月が膨らみ輝きを増すにつれ、進行中のプロジェクトも有望視されるようになります。プロジェクトを完成させるべく、その進展のために努力することが大切です。いまはプロジェクトを成功させたいという意欲に溢れています。

このカードが月の運行表から選んだ月相カードなら、星座別の詳しい解説も参考にしてください。

☽ **牡牛座の月**　プロジェクトの根幹は整ったので、発表当日にむけて準備を整えるとき。プロジェクトをどのようにプレゼンするか、その見せ方がとても重要です。

☽ **乙女座の月**　プロジェクトを徹底的に分析し、重要な要素と不要な要素を区別しましょう。この分析のおかげで、発表当日は万事ことがうまく運ぶはずです。

☽ **山羊座の月**　この時期は責任感が高まり、プロジェクトを完成させたいという使命に燃えます。

FULL MOON IN EARTH
地のフルムーン

Flower ◆ Achievement

花・達成

「フルムーン」のときは、物質的なプロジェクトが成功裏に完了します。あなたの努力の結果は万人に知られ、その商才が高く評価されます。この時期は、金銭的利益も期待できます。

　このカードが月の運行表から選んだ月相カードなら、星座別の詳しい解説も参考にしてください。

☽ **牡牛座の月**　立派な成功に満足するあまり、おごりが生じやすいとき。すこし気持ちを引き締めましょう。

☽ **乙女座の月**　プロジェクトの成功が確実となりました。さも得意げな顔をするのではなく、ひかえめな態度を取ることができれば、他人に好印象を与えられます。

☽ **山羊座の月**　プロジェクトを無事成功させ、他人の称賛と評価を獲得したので、社会的に注目されそうです。

DISSEMINATING MOON WANING IN EARTH

地のディセミネイティングムーン

Fruit ◆ Responsibility

実・責任

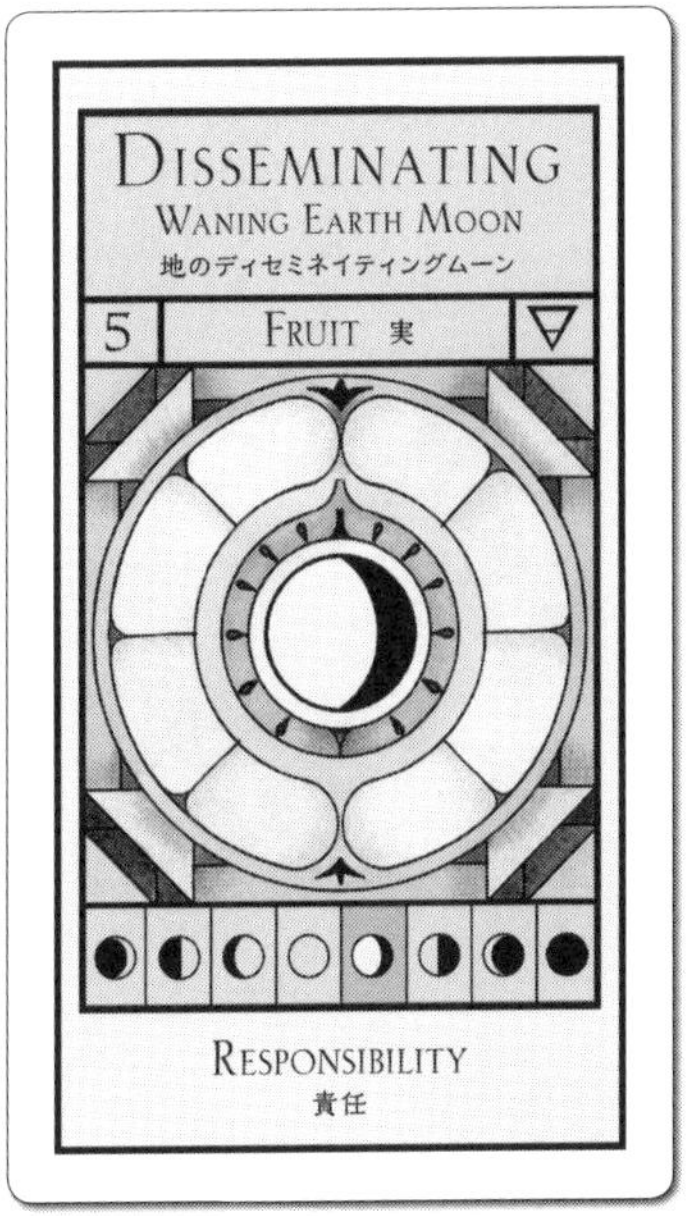

過去の成果から物質的な利益を得るときです。成果を上げたいま、それをどうするかを慎重に考えなければなりません。将来の安定を確保できる方法で、あなたが得た利益を分配する責任が生じます。

このカードが月の運行表から選んだ月相カードなら、星座別の詳しい解説も参考にしてください。

☽ **牡牛座の月**　成功を維持するために慎重に利益を活かすべき。安全な投資先に託すのも一案でしょう。

☽ **乙女座の月**　物質的利益をもとに、仕事のよりよい方法やシステムを完成させられます。建設的な分析ができるときです。

☽ **山羊座の月**　将来のあらたな可能性を確立するために、成功した事業の利益を分かち合う時期です。

LAST QUARTER MOON WANING IN EARTH

地のラストクオータームーン

Fall ◆ Principles

落下・原理

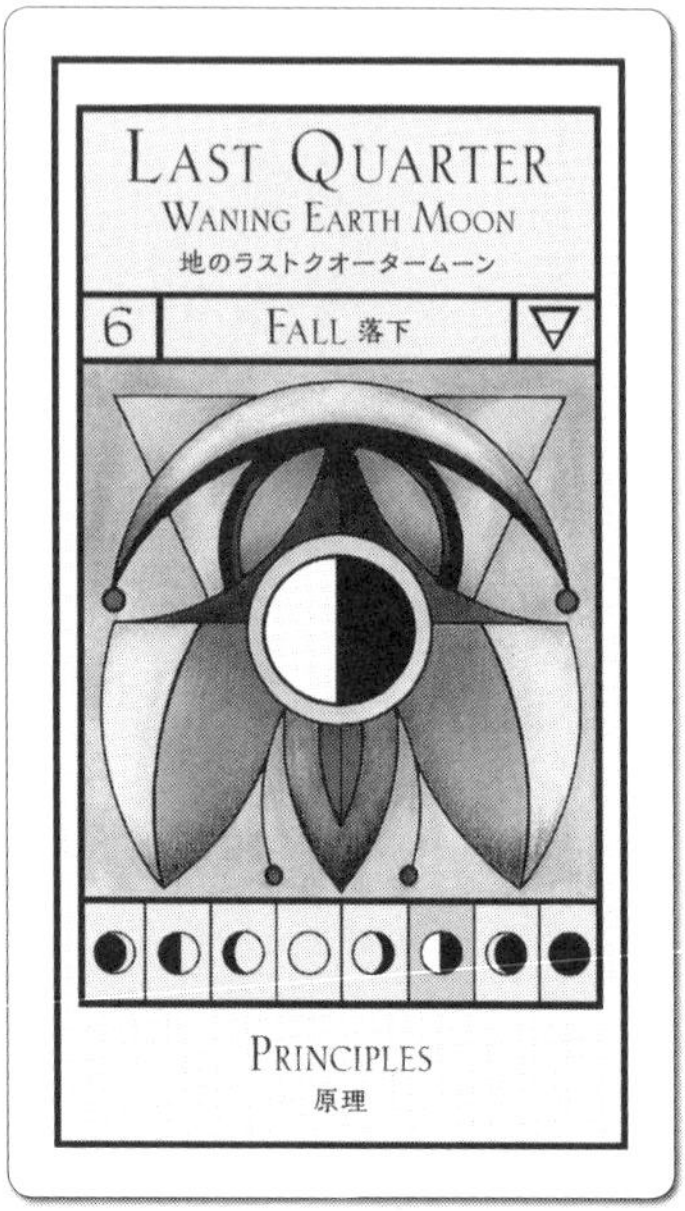

月と太陽の角度がふたたび90度になり、月のサイクルは、すべてのバランスが保たれている重大な時期に入りました。いまの金銭的バランスを維持できるよう、あなたが信条としてきた基本原理を探ってみる必要があります。

このカードが月の運行表から選んだ月相カードなら、星座別の詳しい解説も参考にしてください。

☽ **牡牛座の月**　もはや自分の栄光に満足してはいられない危機的段階です。プロジェクトをさらに推し進める前にその土台を見直す必要があります。

☽ **乙女座の月**　現在のプロジェクトは、なんらかの行きづまりに直面しています。資金調達が流動的で評価しづらいので、仕事のやり方を総合的に分析する必要があります。

☽ **山羊座の月**　微妙なバランスを保っている状況を自分の望む方向へ動かすには、プロジェクトの根幹をなす原理を見つめなおさなければなりません。

BALSAMIC MOON WANING IN EARTH

地のバルサミックムーン

Seeds ◆ Negotiation

種・交渉

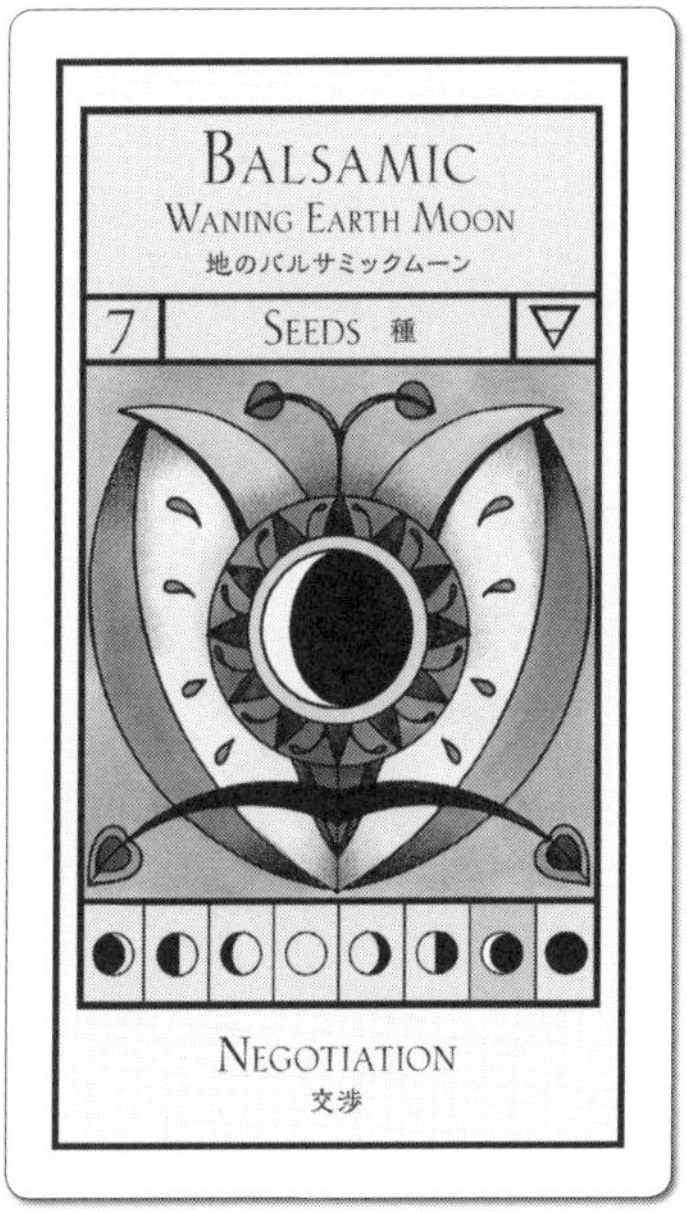

月がさらに欠け、右向きの細い「クレセントムーン」になると、〝種〟の状態になります。この時期は、プロジェクトに関するすべてのことが、自分の思惑どおりにいきにくくなり、他人と交渉する必要が生じます。

このカードが月の運行表から選んだ月相カードなら、星座別の詳しい解説も参考にしてください。

☽ **牡牛座の月**　この月のときは、自分のやり方に固執する恐れがあります。避けられない変化を受け入れ、変化に順応する心の準備をしてください。

☽ **乙女座の月**　これまで通用していたやり方がもはや適切ではなくなり、変えなければなりません。この強制的な変化を受け入れてから前進しましょう。

☽ **山羊座の月**　この月のときは、以前よりも不利な状況下で可能なかぎりよい取引をする覚悟をしてください。

BLACK MOON IN EARTH

地のブラックムーン

Dormant ◆ Economy

休眠・節約

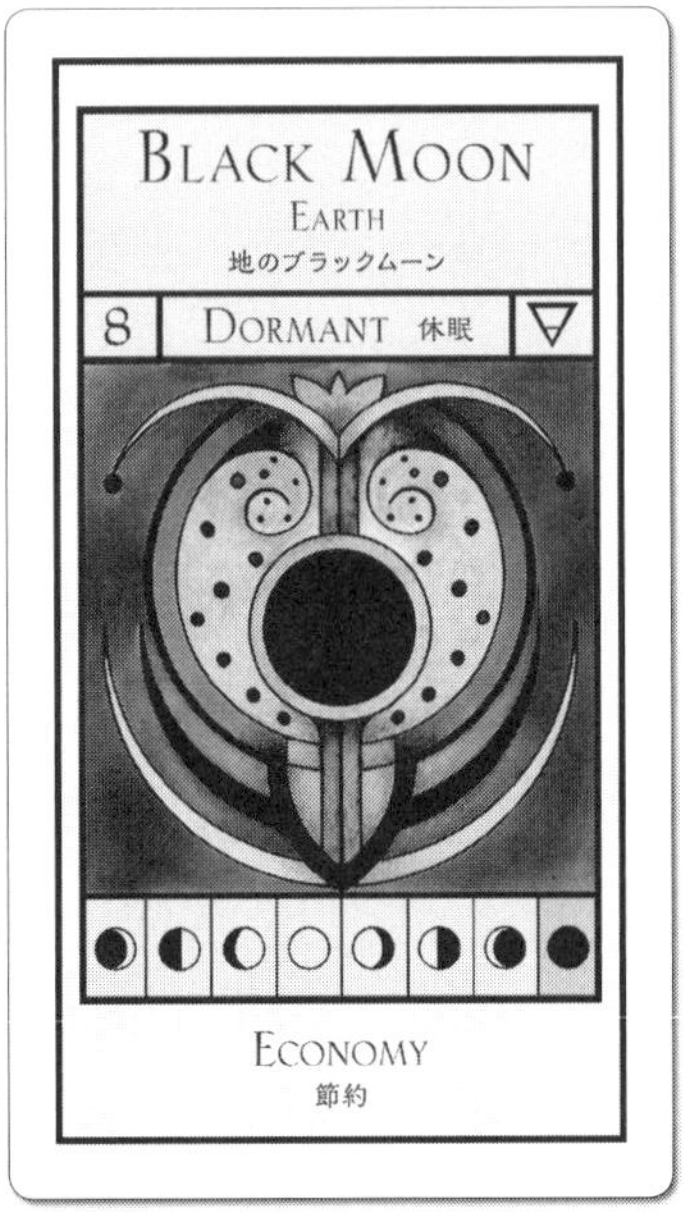

月が地の星座で暗闇に姿を消すと、あらゆる面で前進が遅くなります。物質的なプロジェクトに関しては、新しい投資をおこなったり、リスクを犯したりする時期ではありません。費用を削減する時期です。

このカードが月の運行表から選んだ月相カードなら、星座別の詳しい解説も参考にしてください。

☽ **牡牛座の月**　牡牛座は、努力して手に入れた快適な生活を手放すのをいやがります。この時期は、いつも以上に節約を心がけましょう。

☽ **乙女座の月**　必要な費用と不要な費用を見極めるとき。この時期は、やや厳しい財政管理が必要です。

☽ **山羊座の月**　前進するためにやり残していたプロジェクトの一部に立ち戻り、完成させるのに最適な時期。なにひとつむだにせず、後日のあらたなスタートに向けて万事準備を整えましょう。

CRESCENT MOON WAXING IN AIR

風のクレセントムーン

Shoots ◆ Idea

芽・アイデア

風の「クレセントムーン」は、あらたな始まり、活気、喧騒《けんそう》、調査、議論のときです。この月相では、大きな発展の可能性を秘めた新しいアイデアに関心をもつでしょう。

このカードが月の運行表から選んだ月相カードなら、星座別の詳しい解説も参考にしてください。

☽ **双子座の月**　追求する価値のあるすばらしいアイデアがひらめきますが、すこし市場調査をおこなって情報や参考資料を集め、そのアイデアを実体のあるものにする必要があります。

☽ **天秤座の月**　自分のアイデアに関する他人の意見や考え方を知るために、友人や同僚、かつての顧客と議論するのに最適なときです。

☽ **水瓶座の月**　自分のアイデアを十分に検証してみるとき。もっとも有望な形を見つけられるよう、アイデアを分析して異なる角度から眺め、さまざまな状況で試してみましょう。

First Quarter Moon Waxing in Air

風のファーストクオータームーン

Leaves ◆ Adaptability

葉・適応

月と太陽の角度が90度となる風の「ファーストクオータームーン」は、あなたのアイデアに対する反応をできるだけ多くの人から集め、それをもとにコンセプトを調整するときです。なるべく多くの人に受け入れられるアイデアとなるよう修正をおこないましょう。

このカードが月の運行表から選んだ月相カードなら、星座別の詳しい解説も参考にしてください。

☽ **双子座の月**　この時期は、身体的にも精神的にもよく動きます。独創的なアイデアを発展させる過程で出張する機会もありそうです。

☽ **天秤座の月**　だれかと協力してアイデアを実行に移す必要があるでしょう。よい相手が見つかれば、計画を前進させる自信も得られます。

☽ **水瓶座の月**　この時期はアイデアを論理的に説明し、発表の準備を整えられます。独創的なアイデアを伝える新しい方法を考えましょう。

GIBBOUS MOON WAXING IN AIR

風のギバウスムーン

Buds ◆ *Promotion*

つぼみ・宣伝

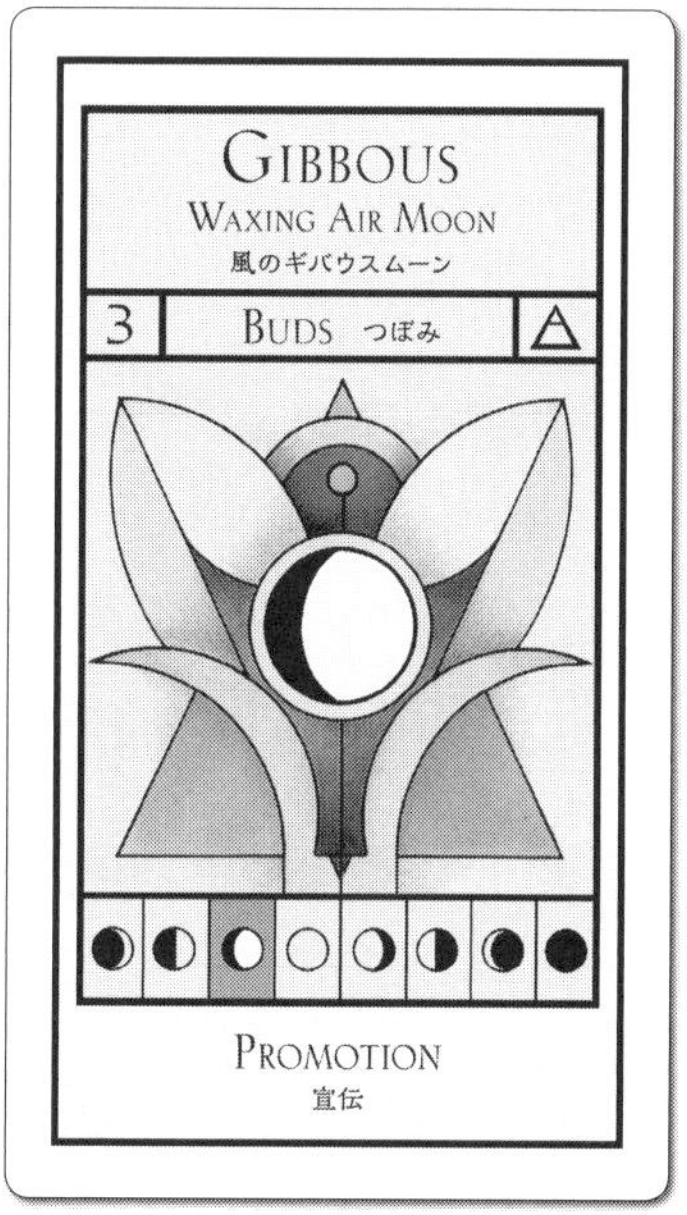

太陽の光を受ける部分のほうが陰の部分より多いこの月相では、象徴的な意味でも、あなたの関心事に光が注がれます。いまこそアイデアを公表して、自分の考えを率直に話し、ビジョンを熱く語りましょう。

このカードが月の運行表から選んだ月相カードなら、星座別の詳しい解説も参考にしてください。

☽ **双子座の月** 〝強引な売り込み〟をするのに理想的なときです。あなたのアイデアは健全。あとはみんなの承認を得るだけです。

☽ **天秤座の月** 天秤座のギバウスムーンでは、タイミングよく助っ人が現れそう。その人がプロジェクトの発展に必要な仕事をすべてしてくれるでしょう。

☽ **水瓶座の月** 型破りな方法を試してみるとき。ふつうと違うやり方や奇抜な方法を試してみると、アイデアが成就するチャンスが高まるでしょう。

FULL MOON IN AIR
風のフルムーン

Flower ◆ Solution

花・解決

月が太陽と正反対の位置にきて、真ん丸な光の球になります。「フルムーン」は、あなたが手がけてきたアイデアの成功、成就、期待どおりの結果を意味します。

このカードが月の運行表から選んだ月相カードなら、星座別の詳しい解説も参考にしてください。

☽ **双子座の月**　契約の締結、あるいは計画の総仕上げを意味する時期。あなたは他人から大いに称賛され、脚光を浴びるでしょう。

☽ **天秤座の月**　人との協力関係が開花する時期。あなたに有利な判断が下されやすく、まわりの人たちから全面的なサポートが受けられるでしょう。

☽ **水瓶座の月**　思いがけないことが起こりそう。予想外の状況変化が起こり、周囲の意見があなたに都合のいいように変わりそうです。

Disseminating Moon Waning in Air

風のディセミネイティングムーン

Fruit ◆ Reputation

実・名声

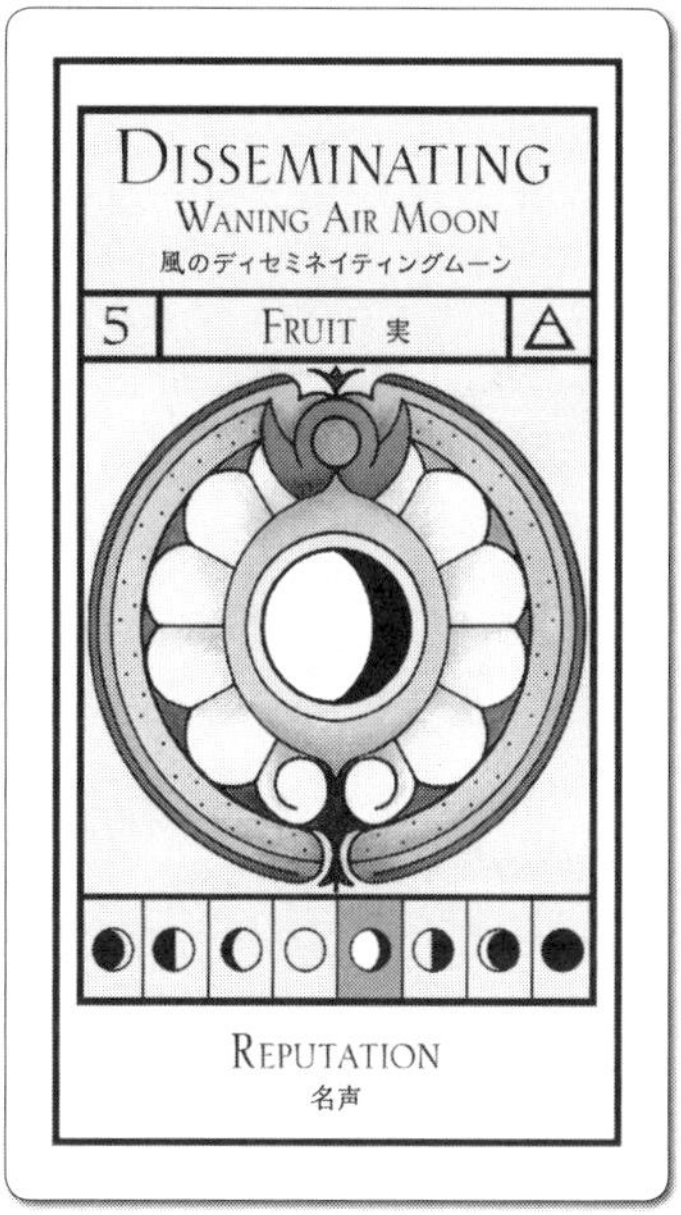

「ディセミネイティングムーン」は、最高の栄誉を得たあとの、努力の成果を受け取る時期です。実力を世間に示したいま、あなたは名声を確立したことを知り、安心してくつろげます。

このカードが月の運行表から選んだ月相カードなら、星座別の詳しい解説も参考にしてください。

☽ **双子座の月**　自分のアイデアが実現したので、つい自慢話をしたくなりがち。やや有頂天にさえなるかもしれません。双子座は宣伝好きな星座です。

☽ **天秤座の月**　他人からあなたの価値を認められ、過去の業績を高く評価されます。自分のアイデアがみんなに好評だとわかり、安心してくつろげます。

☽ **水瓶座の月**　これまで見向きもされなかった、あなたの一風変わったやり方がついに認められ、みんなから称賛されます。

LAST QUARTER MOON WANING IN AIR

風のラストクオータームーン

Fall ◆ Challenge

落下・挑戦

月がしだいに欠け、左半分だけが光を受けて輝いている「ラストクオータームーン」では、重大な局面を迎えます。あなたは従来の確立した方法に代わる新しいアイデアやコンセプトを提案するという難問に直面します。もはやこれまでのやり方は通用せず、変化に適応しなければなりません。

このカードが月の運行表から選んだ月相カードなら、星座別の詳しい解説も参考にしてください。

☽ **双子座の月**　新しい情報を入手し、世間の人びとの考えを知るために、講習や勉強会に参加する必要があります。

☽ **天秤座の月**　親しい友人たちと多くの時間をすごし、さまざまなものの見方を語り合い探るうちに未来への新しい道に気づくようになります。

☽ **水瓶座の月**　過去の習慣を見直し、新しいやり方やアイデアを取り入れる時期。自己満足と向き合うときです。

Balsamic Moon Waning in Air

風のバルサミックムーン

Seeds ◆ Concession

種・譲歩

月のサイクルが終わりに近づき、太陽が月の左端だけを細く照らしています。この時期は、あなたの知力を集中させることで未来への種が生まれます。いまは譲歩し、あたらしい状況に応じてアイデアを練りましょう。

　このカードが月の運行表から選んだ月相カードなら、星座別の詳しい解説も参考にしてください。

☽ **双子座の月**　いますぐプロジェクトに参加したいという欲求が満たされず、チャンスの到来を待つしかありません。いまはなにごとも拒まず、アイデアを蓄え、しかるべき時期に発表できるよう準備しましょう。

☽ **天秤座の月**　人と一緒にいるのがどれだけ楽しくても、ときにはひとりでじっくり考えることも必要。いまがそのときです。

☽ **水瓶座の月**　あなたは自分のやりたいことも、いまは待つべきときであることもわかっているはず。いまはなにもしないで心をひらき、人に話をさせておくしかありません。

Black Moon in Air

風のブラックムーン

Dormant ◆ Revision

休眠・修正

この時期、空に月の姿は見えません。月は光輝く顔を地球からそむけ、日食のときにだけ月がまだそこにいるのを目にできます。伝統的になにもよいことが起こらない時期です。アイデアを修正し、自分の人生が向かう方向についてよく考えましょう。

このカードが月の運行表から選んだ月相カードなら、星座別の詳しい解説も参考にしてください。

☽ **双子座の月**　どんなに活発ですぐれた知能の持ち主でも心身を休め、行く手に待ち受ける難題に向けてエネルギーを充電する必要があります。しばらく仕事の手を休め、軽はずみな行動は慎んでください。

☽ **天秤座の月**　いまは、決定を下すのがとてもむずかしい時期。無理やり決めようとせず、いまが問題を手放すときだと直感的に感じるまで待ちましょう。

☽ **水瓶座の月**　いつもと違うことをしたい、羽目をはずして突飛なことをしたいという欲求が強まりますが、この衝動を抑えて心を静め、規則に従いましょう。

Crescent Moon Waxing in Water

水のクレセントムーン

Shoots ◆ Instinct

芽・直感

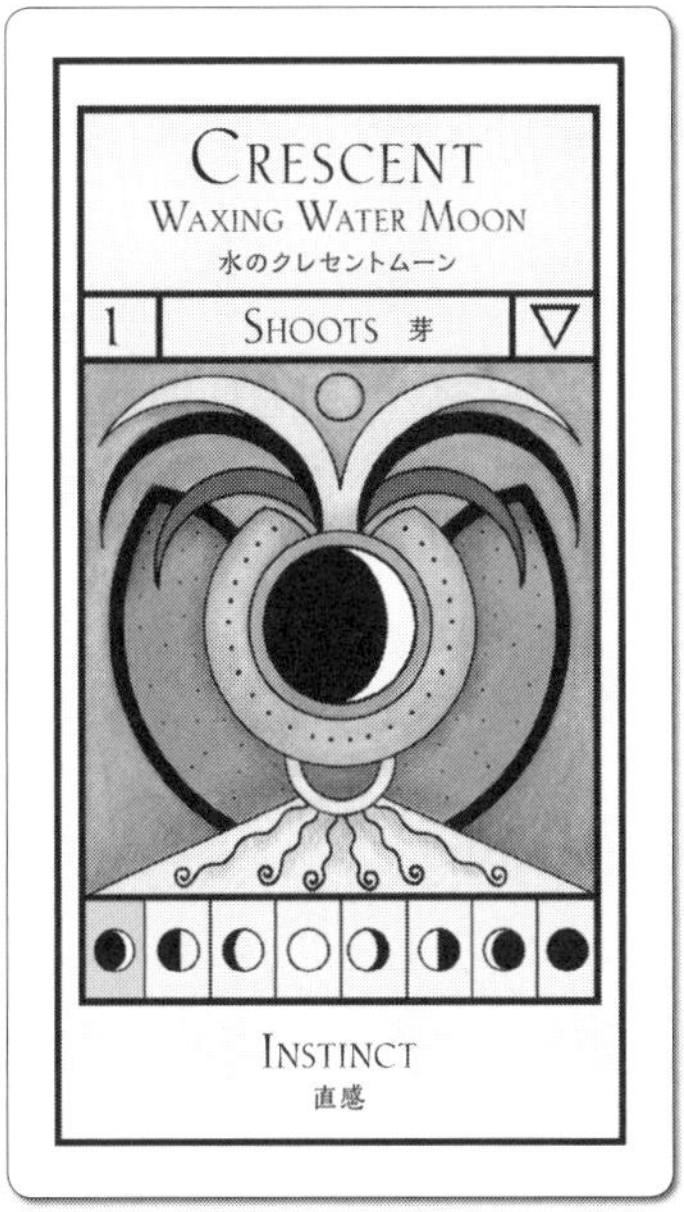

水の「クレセントムーン」は、感情的な関係や感情が支配的な状況の始まりを意味します。今日感じた特別な感情は、時間が経つにつれさらに強くなるでしょう。この時期は、しばしば新しい友情が芽生えます。

このカードが月の運行表から選んだ月相カードなら、星座別の詳しい解説も参考にしてください。

☽ **蟹座の月**　月がみずからが支配する蟹座にいるときは、感情がきわめて強まります。でも、ガードもとても堅いので、過去の経験に照らし、あたらしい感情が本物かどうか確かめてください。

☽ **蠍座の月**　蠍座の月はきわめて情熱的。ロマンスが芽生えたばかりでも、極端な感情を抱きやすいものです。

☽ **魚座の月**　魚座は感情を理想化するので、空想と現実をうまく区別できません。どれだけ譲歩をしてでも、感情的な関係を成長させようとします。

FIRST QUARTER MOON WAXING IN WATER

水のファーストクオータームーン

Leaves ◆ Choice

葉・選択

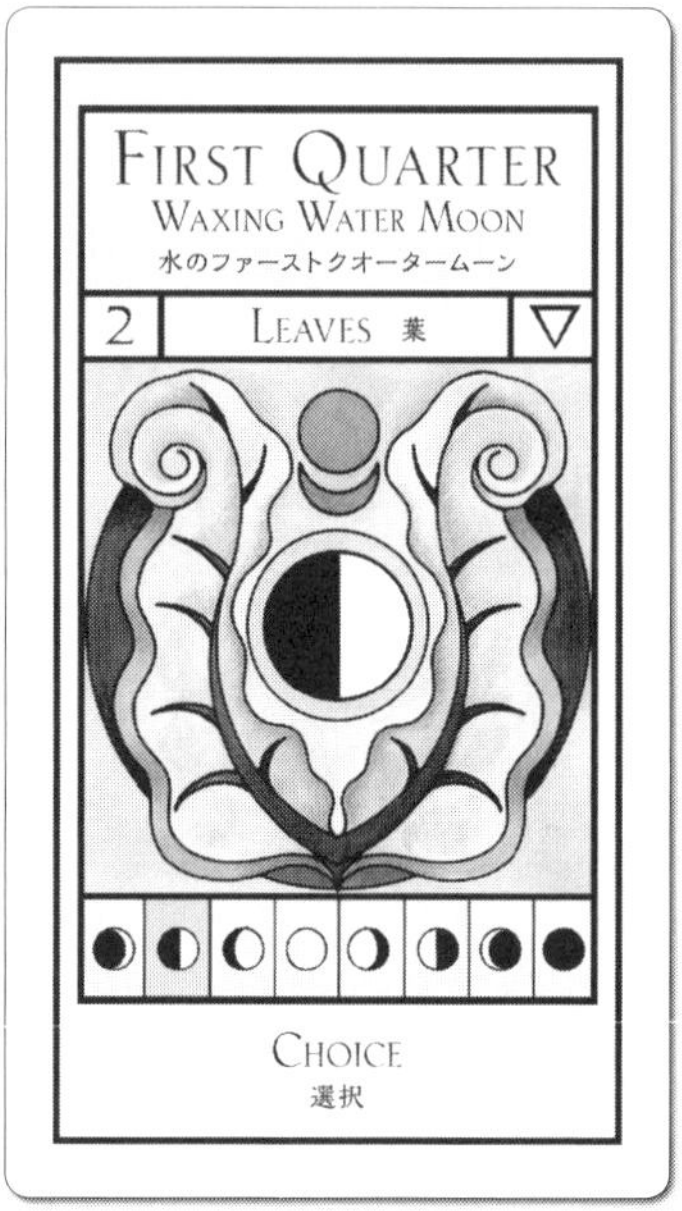

月と太陽の角度が90度になり、月の右半分に光が当たり、左半分が陰となる「ファーストクオータームーン」では、すべてのバランスが保たれています。感情はどちらの道にも進めるので、一方を選ぶ必要があります。この感情的な状況や関係に全身全霊を捧げるのかどうかを決めなければなりません。うまくいきそうな予感がします。

　このカードが月の運行表から選んだ月相カードなら、星座別の詳しい解説も参考にしてください。

☽**蟹座の月**　すべてを天秤にかけるとき。過去の経験に照らし、決定を下すことになりそうです。楽観主義が感じられます。

☽**蠍座の月**　ものごとを自分のやり方で推し進めたいという衝動が強まります。自分の感情を思う存分たくみに利用し、状況を望みどおりに動かせます。

☽**魚座の月**　理想主義的な強烈な感情によって決定がゆがめられ、平凡な現実が空想へと変わる可能性があります。

Gibbous Moon Waxing in Water

水のギバウスムーン

Buds ◆ Passion

つぼみ・情熱

月が輝きを増すにつれ、あなたがかかわっていることの結果もしだいに明らかになり、それを望みどおりに成就させたいという思いもとても強まります。あなたの関心事はいまやあふれる情熱に支配されています。

このカードが月の運行表から選んだ月相カードなら、星座別の詳しい解説も参考にしてください。

☽ **蟹座の月**　心地よい幸福感に包まれ、安心感をおぼえます。抑えられない強い感情がこみ上げ、自分の関心事にのめりこんでいくでしょう。

☽ **蠍座の月**　もっとも情熱的な蠍座の月は、この時期に生じた勢いあふれる感情をどうすることもできません。この極端な感情を止められるものはなにもありません。

☽ **魚座の月**　空想と現実の隔たりがいつも以上に狭まります。この圧倒的な感情にのみ込まれ、もうあとには引けなくなります。

FULL MOON IN WATER
水のフルムーン

Flower ◆ Fulfilment

花・成就

この時期は、感情的な事柄が首尾よく成就しそうです。これまでのできごとは望みどおりの方向へと進展し、感情的に安心・満足できる状況が実現しました。あなたは満たされた気持ちを味わえます。

このカードが月の運行表から選んだ月相カードなら、星座別の詳しい解説も参考にしてください。

☽ **蟹座の月**　蟹座は伝統的に母性をつかさどる星座です。この時期は、健康な子どもを産んだときのように安堵感や誇り、保護したいという気持ちが生まれます。

☽ **蠍座の月**　感情面で望みどおりの結果が得られました。蠍座の極端な性質のせいで、あなたはこのできごと全体を異常に大げさに扱うか、逆に隠し立てしてしまうとするでしょう。

☽ **魚座の月**　思い描いたことがすべて実現し、高揚感を味わえます。人間関係では、最愛の人を理想化しすぎる恐れがあります。

DISSEMINATING MOON WANING IN WATER

水のディセミネイティングムーン

Fruit ◆ Commitment

実・献身

これまでの展開から感情面でなにかを得るとき。いまが作物を収穫するとき、すなわち利益を得るときです。人間関係においては、子どもの誕生などパートナーとの関係から生まれた実りある結果を意味することもあります。

　このカードが月の運行表から選んだ月相カードなら、星座別の詳しい解説も参考にしてください。

☽ **蟹座の月**　蟹座のディセミネイティングムーンは子どもの誕生や親子関係を象徴し、あなたが最近感情にもとづいて決心したことに献身的に取り組んでいることを示唆します。

☽ **蠍座の月**　自分の関心事をさらに発展させようと夢中になります。

☽ **魚座の月**　これまではぐくんできた安心できる感情的な結びつきに喜んで想像力を活かせます。

Last Quarter Moon Waning in Water

水のラストクオータームーン

Fall ◆ Manipulation

落下・ごまかし

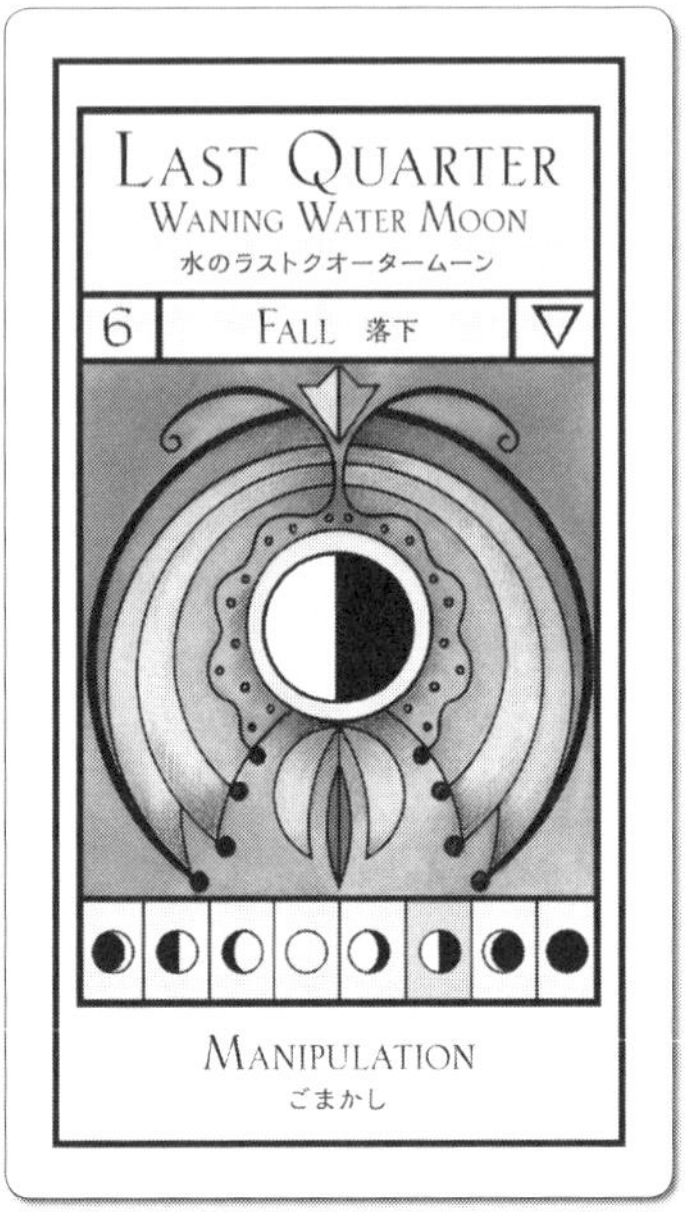

月と太陽の角度がふたたび90度になると、感情が入り混じる重要な時期にさしかかります。人生を快適に前進させる前に、いまの状況について自分の本当の気持ちを探る必要があります。状況をコントロールするには、説得力がなければならないでしょう。

このカードが月の運行表から選んだ月相カードなら、星座別の詳しい解説も参考にしてください。

☽ **蟹座の月**　現在の状況において、すべてが見かけどおりとはかぎらないことを薄々感じています。最悪の事態から自分を守りたいと思いつつ、やむを得ないと諦めも感じています。

☽ **蠍座の月**　いまの状況のあり方に強い不信感を抱いています。〝どんな手も辞さない〟という態度をとり、明確な答えを得ようと状況を追いこみます。

☽ **魚座の月**　自分はだまされている、あるいは事実を十分に知らされていないと感じています。期待に沿わない状況から逃げ出したいと思っています。

Balsamic Moon Waning in Water

水のバルサミックムーン

Seeds ◆ Disillusion

種・幻滅

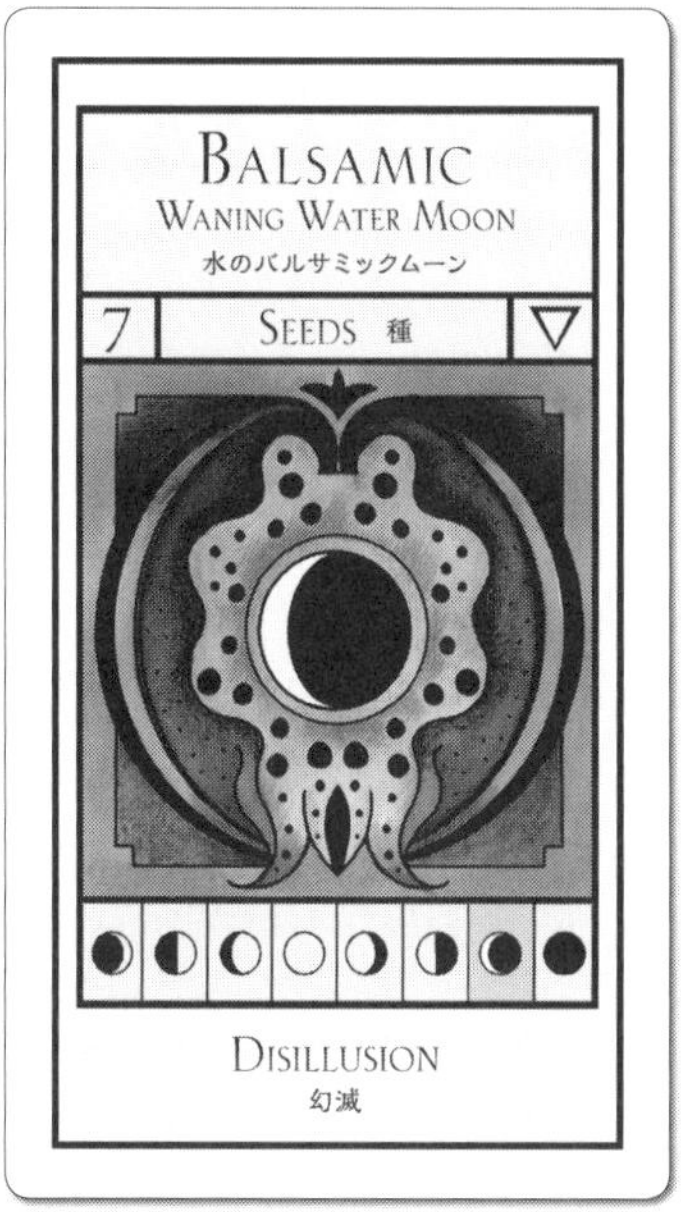

月がさらに欠けて右向きの細い「クレセントムーン」になると、〝種〟の段階に入ります。この月相で、あなたはいまの状況が終わりつつあるという事実を直視しなければなりません。幻滅を感じますが、この経験から得るものもあるでしょう。

このカードが月の運行表から選んだ月相カードなら、星座別の詳しい解説も参考にしてください。

☽ **蟹座の月**　感情的な関係の破局から、今後の人間関係の教訓となる貴重な経験が得られます。

☽ **蠍座の月**　自分ではどうにもならない状況のなかで、強烈な感情が内面化します。蠍座は復讐好きの星座ですが、この復讐心を前向きで創造的ななんらかの表現に向けることもできるでしょう。

☽ **魚座の月**　あなたは感情的な挫折を味わい、逃げ出します。未来のできごとの種は、無数の実現不可能な空想のなかに隠されています。

Black Moon in Water
水のブラックムーン
Dormant ◆ Isolation

休眠・孤独

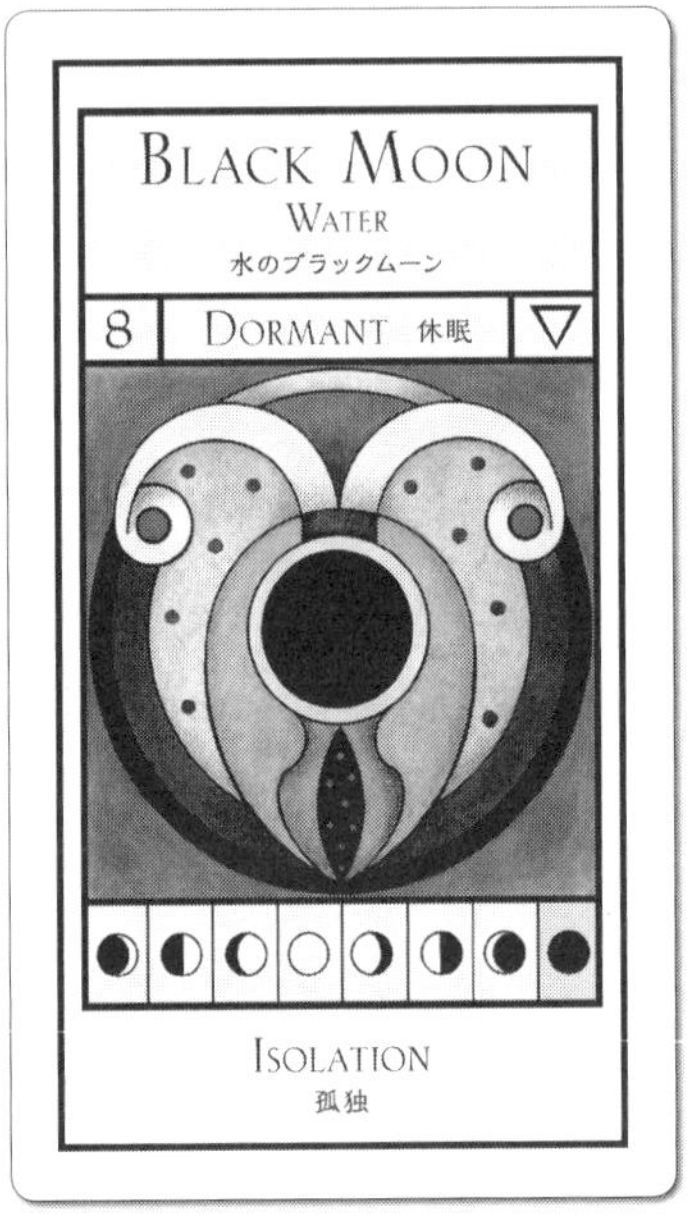

「ブラックムーン」が水の星座にいるときは、感情表現が停止します。心が麻痺し、自分のもっとも弱い部分をさらけ出そうとはしません。他人の心配や要求はさておき、自分というものをより意識するようになる時期です。

このカードが月の運行表から選んだ月相カードなら、星座別の詳しい解説も参考にしてください。

☽ **蟹座の月**　感情面で完全に引きこもります。感情面でアプローチしてくる人に対し、疑い深く慎重な態度をとります。

☽ **蠍座の月**　心を閉ざしたひとりきりの時間を過ごし、厳しく抑制された感情を日常生活のなかで静かに発散させます。

☽ **魚座の月**　「不思議の国のアリス」になったような感じ。他人と感情的に深く関わるのを避け、これまでと違う生き方や可能性をひとりで夢想します。

月の女神カード

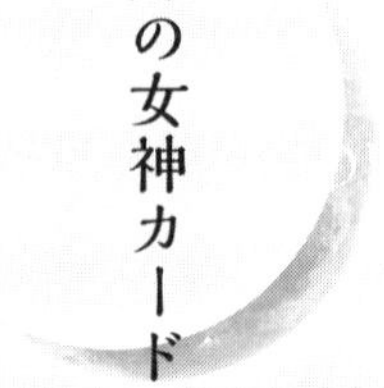

「私は万物の母、あらゆる原理の女王にして支配者、人類のそもそもの創造主、至高の女神、冥界の女王、天界の長《おさ》にして、世界の神々や女神の元型。天上の星々も心地よい海風も地獄の恐ろしい沈黙も、意のままに操ることができます。わが名とわが神性は、世界のいたるところで崇《あが》められ、それぞれの風習からさまざまな儀式で祀《まつ》られ、あまたの名前で呼びかけられています」

『黄金のロバ』ルキウス・アプレイウス

ISHTAR
イシュタル

White goddess ◆ Pisces ◆ Water

白い女神・魚座・水

KEY PHRASE

順応性を高めなさい

カードの意味

白い女神イシュタルは、自分の目的を達成するため、断固として積極的な行動をとりなさいとあなたに告げています。このカードを引いたら、なにかを取り戻すために戦う必要がありそうです。女神が服を脱いで裸になったように本質だけに専念し、この戦いのためにほかのすべてを諦めなければならないでしょう。それでも、最後は人の助けを借りることになりそうです。

魚座は水のエレメント。水はどこへでも流れ、立ちはだかる障害を侵食する――これが、このカードの意味の要《かなめ》です。リーディングでこのカードが出たら、質問に関しては三月が重要な月となるでしょう。

イシュタルは、右手にヘビ、左手にライオンを持ち、立っています。神話では、ライオンが引く戦車で移動しました。彼女の目の前には、豪華な鉢に植えられた植物があります。これは、ギルガメッシュが人間を不死身にするために海底まで取りにいった「不死の草」。イシュタルが手にしている曲がりくねったヘビは、ギルガメッシュが不死の草を手に入れるのを阻止するために放たれましたが、逆に草をのみこんで不死身となりました。

カードの絵では、イシュタルの胸があらわになっています。イシュタルは信奉者から「豊かな胸の母」と呼ばれているからです。戦士と女祭祀を合わせたような格好をしているのは、彼女の性質の二面性である戦士と愛人を表します。首飾りは力と権威の象徴です。

カードの下には、水の星座の魚座のマークと白い女神の月マークがあります。

神話

イシュタルは、アッシリアの神々のなかで最強の女神のひとり。シンの娘ともアヌの娘ともいわれます。イシュタルをシンの娘だという人は、彼女を戦いの女神とみなし、アヌの娘だという人は、愛の女神とみなしました。

戦士のイシュタルは、七頭の獰猛《どうもう》なライオンが引く戦車に乗り、弓を持っています。愛と官能の女神イシュタルもやさしくはありません。自分の欲望が阻止されるたびにいらだち、乱暴な振る舞いをしました。

イシュタルは若い頃、収穫の神タンムズに恋をしましたが、そのためにタンムズを死なせてしまいました。嘆き悲しんだ彼女はタンムズを救い出そうと冥界へ下り、七つの門を通るたびに一枚ずつ服を脱ぎ、冥界で囚われの身となりました。イシュタルが冥界にいる間、地上ではいかなる繁殖活動もおこなわれず荒れ果てたため、神々は大いに嘆きました。

イシュタルの父シンは、エアに助けを求めました。エアの呪文により、冥界の女王エレシュキガルはイシュタルを釈放せざるをえませんでした。彼女は生命の水を振りかけられ、七つの門で一枚ずつ服を取り戻し、ようやく自由の身になりました。

ARTEMIS
アルテミス

White goddess ◆ Aries ◆ Fire

白い女神・牡羊座・火

KEY PHRASE

できるだけ冷静に振る舞いなさい!

カードの意味

アルテミスは、あなた自身の激しさや利口さが、あなたがまさに望んでいるものを破壊する恐れがあると警告しています。たとえ競争心を駆り立てられても、性急な行動や相手を威嚇するような振る舞いはすべきではありません。このカードは、より冷静で洗練された方法で問題に対処するよう説いています。アルテミスは白い女神として、創造的な解決策を求めています。

牡羊座の火のエレメントの性質は、もともと血気盛んでせっかちなので、失態を犯さないよう気をつけてください。リーディングでこのカードが出たら、質問に関しては四月が重要な月となるでしょう。

狩猟の女神アルテミスは、古代エトルリアの彫像に見られるように油断なく警戒し、いつでも飛びたてるよう翼を広げています。太陽神アポロンの双子の妹で、兄とともに光の領域を統《す》べますが、アルテミスの光は、太陽に照らされた月の光。透き通った水色のドレスは、冷たい月光を表します。両脇の動物は、彼女の性格の二面性を示します。右手でつかんだ雌ライオンは、彼女の狩人としての特徴、すなわち残酷で執念深く、快楽と競争を好む特徴を象徴しています。左手のシカは、迅速かつ着実ですが、いつも犠牲者となる性質を表します。手首には弓術の防具をつけ、腰には処女を表す飾り帯を結んでいます。

カードの下には、火の星座の牡羊座のマークと白い女神の月マークがあります。

神話

伝統的にアルテミスは処女の狩人、若い娘の守護神、野生動物たちの女主人とされ、ほかの女神と同じく、その気性も残酷で報復的なものから、やさしく寛大なものまで多岐にわたります。兄のアポロンが生まれた翌日に生まれ、兄と同じく突然死をもたらす神でもあります。アルカディア高原で暮らし、猟犬の群れや大勢のオケアニスやニンフたちを引き連れていました。アルテミスを見るのは禁忌で、猟師のアクタイオンは彼女やお供の乙女たちが水浴しているところを偶然目撃したため、自分の猟犬たちに噛み殺されてしまいました。

アルテミスを見ることが許された唯一の男性はオリオンですが、二人の関係は実を結びませんでした。アルテミスはアポロンに弓の腕前を試され、はるかかなたの海に浮かぶ小さな標的を正確に射ましたが、それは海を泳いでいたオリオン。彼女は彼の頭を射抜いてしまったのです。別の神話では、オリオンは不慮の死をとげたのではなく、アルテミスの狩りに同行したとき、浅はかにも彼女に触れてしまいます。無礼な行為に怒ったアルテミスは、彼を刺し殺すようサソリに命じました。

このようにアルテミスは精力的でときに野蛮な狩猟生活を送るいっぽう、穏やかな趣味もたしなみました。アポロンと同じく音楽の才能に恵まれたので、ときにはデルフォイにある兄の神殿の戸口に弓を置き、優雅な出で立ちでミューズたちと歌を楽しみました。

Venus
ヴィーナス

White goddess ◆ Taurus ◆ Earth

白い女神・牡牛座・地

KEY PHRASE

すこしぐらいはめをはずしてもいいでしょう!

カードの意味

ヴィーナスは、理想的な純愛から好色な欲望まで、さまざまな形の愛を表現しています。愛の喜びや人生の幸運も表し、それらを獲得するために自分の魅力を露骨に利用したり、誘惑したりすることも意味します。あなたが勝手気ままな行動をとれば、しかるべき代償を払わなければならないとヴィーナスは警告していますが、あなたにその覚悟があれば、それはそれでよいでしょう。

概してヴィーナスは慈悲深い女神であり、質問に対してよい結果、あるいは実りある成果を示唆します。白い女神として、状況に対処するための力強くはつらつとして創造的な方法をもたらします。

牡牛座の地のエレメントの性質はとにかく官能的、快楽好きで、慣れ親しんだやり方でゆっくり着実に行動する傾向があります。リーディングでこのカードが出たら、質問に関しては五月が重要な月となるでしょう。

ヴィーナスは、大きな白鳥の玉座にすわっています。神話では、彼女は六羽の白鳥が引く戦車で空を移動していました。髪は前方へと流れ、彼女が生まれたといわれる海の泡のように泡立っています。彼女が着ているドレスは、深海にあるサンゴの洞窟のような色です。ヴィーナスはそこでニンフたちから教育を受けました。

左手で「ヴィーナスの鏡」を掲げています。このヴィーナスの鏡（♀）は、植物や動物のメスを表す世界共通の記号で、占星術では宵《よい》の明星、金星の惑星記号です。ヴィーナスは右手にハスの花のついた棒を持っています。赤い花の色は、ヴィーナスの恋人マルス（火星）に由来します。

カードの下には、地の星座の牡牛座のマークと白い女神の月マークがあります。

神話

ヴィーナス（ウェヌス）は、ローマ神話の愛と美と結婚と笑いの女神。一般的にはユピテルとディオネの娘とされます。また、海の泡から生まれたという伝説もあり、西風でキプロス島の海岸に運ばれたところを女神のホーラたちに拾われ、その驚くべき美しさで神々を魅了したといいます。

古代ローマ建国の祖である勇者アイネイアスの母としてウェヌス・ゲネトリクスの名で尊敬を集めるほか、幸運をもたらすウェヌス・フェリクス、勝利をもたらすウェヌス・ウィクトリクスなど、数多くの添え名を持ちます。

ヴィーナスは、醜い容姿をした火山の炎と鍛冶の神ウルカヌスの妻でしたが、あまり貞淑ではありませんでした。マルス、メルクリウス、ハンサムな羊飼いのアドニスなど、数多くの愛人を持ち、ひそかに逢瀬を重ねました。

マルスの従者アレクトリュオーンは、ヴィーナスとマルスの情事の見張り番を命じられていましたが、あるとき務めを怠ってアポロンに二人を目撃されてしまいます。二人の情事はすべての神々の知るところとなり、二人は嘲笑と非難にさらされました。二人の間には、息子のキューピッドや娘のハルモニアなど、多くの子どもが生まれました。

ATHENE
アテネ

White goddess ◆ Gemini ◆ Air

白い女神・双子座・風

KEY PHRASE

手を広げすぎています

カードの意味

アテネは、質問したあなたには生まれつき豊富な才能があることを示唆しています。あなたはその才能を他人や自己の向上のために使えます。たんに自分の利益を追求するだけでは、自分が望む結果は得られないだろうとアテネは告げています。自分の能力を他人のために使えば、より充実した形で望みが叶えられるでしょう。四人目の白い女神アテネは、それぞれの問題を独創的な考え方をするチャンスだとみなしています。

双子座の風のエレメントの性質は、多芸多才で寛大。あなたは現在の状況に対し、手を広げすぎている恐れがあります。リーディングでこのカードが出たら、質問に関しては六月が重要な月となるでしょう。

ほっそりした筋肉質のアテネが兜をかぶり、野獣の毛皮を肩にかけ、戦士の槍と盾を持っています。腰には、父のゼウスから与えられた防具をつけています。戦いの女神ですが、攻撃よりも守りを重視します。利き足にも防具をつけ、後ろを向き、多くの矢を入れた矢筒を見ています。手首にはヘビが巻きついています。身を護るために掲げた盾には、翼のある馬が四頭描かれています。アテネは馬と雄牛の女神として崇拝されていました。

カードの下には、風の星座の双子座のマークと白い女神の月マークがあります。

神話

アテネは、ギリシア神話でもっとも崇拝されている女神の一人です。ローマ神話では、パラス・アテナ、あるいはミネルヴァの名で知られます。処女神で、パルテノス（〝処女〟）とも呼ばれました。アテネは、すでに成長し武装した姿で父ゼウスの額から生まれました。ゼウスはアテネをとてもかわいがり、自分の盾や防具、そして最大の武器である雷《らい》霆《てい》を与えました。

アテネは戦いの女神として、巨人族《ギガス》との戦いに喜んで参加しました。トロイ戦争ではギリシア人を加護しただけでなく、みずからディオメデスの戦車に乗り、戦いに加勢もしました。また、自分が実力を認めた英雄たちも守護し、ヘラクレスが十二の功業を成しとげるのを助けたり、怪物ゴルゴンと戦うペルセウスやトロイから帰還するオデュッセウスを守ったりしました。

アテネを祀る神殿のうち、もっとも重要なものが、ギリシアのアテネにあるパルテノン神殿です。女神がアテネ市民にオリーブの木を贈ったことをたたえて建立されたといわれています。アテネは個々の人間だけでなく、都市の守護神でもありました。建築、産業、芸術の女神であり、後の神話では知恵の女神にもなり、フクロウが彼女の象徴でした。

農業技術や女性の工芸、とりわけ糸紡ぎや機《はた》織りをつかさどる神でもありました。あるときアラクネという女性がアテネに勝負を挑み、神々の生活や愛の物語をテーマにしたみごとなタペストリーを織り上げました。怒ったアテネはアラクネをクモに変え、永遠に糸を紡ぎつづけるようにしました。

アテネは、鋤《すき》、フルート、ろくろ、造船、靴作り、野獣を手なずける方法など、さまざまなものを人間に与えました。

HERA

ヘラ

Red goddess ◆ Cancer ◆ Water

赤い女神・蟹座・水

KEY PHRASE

ことを荒立てる必要はありません

カードの意味

　ヘラは、母性と威厳を表します。その高い地位ゆえに尊敬され、それを維持する権力ももちあわせています。たとえあなたの思いどおりにならないことがあっても、成り行きにまかせることがときには最善の答えだとこのカードは告げています。一人目の赤い女神ヘラは、より持続的で成熟した生き方を示唆しています。

　蟹座の水のエレメントの性質は、どれだけ気まぐれでも“家族”とみなされる人の世話をし、はぐくみます。蟹座はもっとも母性の強い星座です。リーディングでこのカードが出たら、質問に関しては七月が重要な月となるでしょう。

ヘラは〝天界の女王〟、オリュンポスの神々のなかで最強の力をもつ主神ゼウスの妻で、天界の黄金の玉座に威風堂々とすわっています。彼女の聖鳥である孔雀のついた王冠をかぶり、左手にザクロを持っています。種子の多いザクロは、生命と母性のシンボルです。右手に持つ権力の杖の先端には太陽とクレセントムーンがつき、カッコウがとまっています。ゼウスはヘラの前にはじめて姿を現したとき、カッコウに変身していました。

カードの下には、水の星座の蟹座のマークと赤い女神の月マークがあります。

神話

ヘラと奔放な夫ゼウスの結婚生活は口論が絶えず、神の居間ではつねに食器が飛び交い、雷鳴がとどろいていました。通常ヘラは気高く慎ましい夫人として表され、彼女の王冠は神々の女王として敬われる立場を示します。ヘラを祀る神殿は、彼女の高い地位にできるだけ近づけるため、たいてい高い山の頂に建てられました。

ゼウスはカッコウに変身し、はじめてヘラに近づきました。季節は冬。ヘラはずぶ濡れで冷たいカッコウを哀れに思い、そっと拾い上げ、胸に抱いて暖めようとしました。そのとたんカッコウが元の姿に戻ったので、ヘラは貞節を守るため、好色なゼウスに抵抗しました。ゼウスがヘラと結婚すると約束したので、ヘラはようやく彼を受け入れました。

女性、結婚、母性をつかさどる女神ヘラは、妻の理想像とされます。二人の間には、アレス、ヘパイストス、エイレイテュイア、ヘベの四人の子どもが生まれ、ゼウスの度重なる不貞にもかかわらず、ヘラはつねに貞淑な妻でありつづけました。

ヘラは嫉妬に駆られ、ゼウスを支配しようとしますが失敗します。ゼウスはヘラが反抗しようとするたびに罰として彼女を激しく打ちすえたり、縛りあげ天から吊るしたりしました。ヘラは、ゼウスがアテネを生んだように自分一人で子どもをもうけようとしますが、生まれたのは怪物テュポーンだけ。最終的にヘラはゼウスに服従し、夫の不貞への激しい怒りを彼の多くの愛人やその子どもたちに向けるようになり、復讐として死や苦痛、監禁、追放をもたらしました。しかし、そうした行動をとっても、夫ゼウスの不貞はとめられませんでした。

Isis
イシス

Red goddess ◆ Leo ◆ Fire

赤い女神・獅子座・火

KEY PHRASE

誠実さと高潔さはかならず報われます

カードの意味

女神イシスは、伝統的な男性、女性の役目をどちらも上手に果たしました。自分が愛《いと》しむ者すべてを誇りに思い、守護を与え、その幸福のためにあらゆる手を尽くしました。イシスは誠実さ、権力、慎み深さ、思いやりの体現者です。

イシスのカードが出たら、あなたが望む結果を得るには、控えめな誠実さと決断が必要となりそうです。赤い女神イシスは、支配者の威厳と権威を表し、あなたが責任をもって問題の解決策を導くよう求めています。

獅子座の火のエレメントの性質は、指揮をとり、公正に正義を執行しようとします。リーディングでこのカードが出たら、質問に関しては八月が重要な月となるでしょう。

エジプト最高位の女神、オシリスの妹で妻、ホルスの母であるイシスが、穏やかな面持ちで玉座にすわっています。ハゲワシの形をした翼のある頭飾りをかぶり、その上に聖牛ハトホルの角に挟まれた太陽円盤のシンボルがついています。左手に永遠の生命を表すアンク十字、右手に満開のハスの花を持っています。あらわな乳房は母性の象徴です。玉座のチェック模様は、夜と昼、闇と光、生命と死を統べる彼女の強大な力を表します。背後の壁には、女神イシスの椅子を意味する象形文字「アセト」が描かれています。

カードの下には、火の星座の獅子座のマークと赤い女神の月マークがあります。

神話

イシスは、大地の神ゲブと天空の神ヌートの娘。兄で夫でもあるオシリスがエジプトの王になると、エジプトの民に機織りや糸紡ぎ、小麦粉挽《ひ》き、簡単な薬の処方を教えました。男女の関係を正式なものにする結婚の概念ももたらしました。夫オシリスが他国を文明化するため遠征に出ている間は摂政の務めを果たし、堅実に国を治めました。

オシリスが狡猾な弟セトに暗殺されると、イシスは悲しみに暮れ、すぐに夫の遺体を探しに出ました。ようやくタマリスクの木の幹に取りこまれた、オシリスの入った棺を見つけ、それをブトの沼地に運んで隠しました。しかし、セトはオシリスの遺体を探し出し、十四の部分に切断しました。

イシスはトート神から強力な呪文を教わり、バラバラになった夫の身体を集めて夫をよみがえらせ、交わった結果、息子ホルスを生みました。そして魔術で危険を回避しながら息子を連れて姿を隠し、息子がエジプトの支配者となるのにふさわしい年齢になるまで隠れつづけました。

イシスは強力な魔術を操り、太陽神ラーの秘密の名前を知る唯一の神でした。前向きで活動的、慎ましやかで愛情深く、誠実さと繊細さを持つイシスは、世界の女神のなかでも稀な存在です。

Demeter
デメテル

Red goddess ◆ Virgo ◆ Earth

赤い女神・乙女座・地

KEY PHRASE

確実な利益を追いなさい

カードの意味

デメテルのカードは、あなたが愛しいものや重要ななにかを喪失することを象徴しています。失ったものはいずれ戻ってきますが、それには条件がつけられ、あなたの期待どおりにはいかないでしょう。質問への答えとしては、なんらかの策略が絡んでいて、あなたは妥協を余儀なくされそうです。だれかがあなたの弱みにつけこもうとしています。

三人目の赤い女神デメテルは、計画的に取り組み、完璧さを目指すことで、ものごとが十分に発達し、持続可能になることを示唆します。

乙女座の地のエレメントの性質は、当事者すべての要求を満たし、事態をうまく収めようとします。リーディングでこのカードが出たら、質問に関しては九月が重要な月となるでしょう。

母親らしい姿の女神デメテルが、懇願するように両手を天に上げています。彼女の赤と緑のマントは、火と大地の色。穀物の絡みついた髪は、カールしながら垂れています。腰にも、火と大地の色をした母性を表す飾り帯をつけています。足元の大地からは、穀物とケシが生えています。どちらも伝統的にデメテルと関連の深い植物です。その下の波と水の滴《しずく》は、デメテルが種馬に化けた海神ポセイドンに略奪されたあと、ラドン川で身を清めたことを表します。

カードの下には、地の星座の乙女座のマークと赤い女神の月マークがあります。

神話

デメテルは、古くから名の知れた女神の一人で、永遠の母親の象徴です。最愛の娘ペルセポネを冥界の王ハデスに略奪されたデメテルは取り乱し、すぐさま娘を探す旅に出ました。

旅の途中、好色なポセイドンに言い寄られますが、彼を快く思わないデメテルは牝馬に姿を変え、オンコス王の馬群のなかに紛れこみました。それでもポセイドンは諦めず、牡馬になって彼女を追いかけ、とうとう欲望を満たしました。事実を知ったデメテルは激怒し、ラドン川で沐浴して怒りを洗い流しました。その後、黒いたてがみのある一頭の牡馬と一人の娘を生みましたが、その娘の名前は、秘儀の参加者以外に明かされることはありませんでした。

デメテルが深い悲しみに沈んでペルセポネを探し放浪するあいだ、地上は荒廃し、飢饉に見舞われました。穀物は育たず、植物はみな枯れ果てました。この惨状を食い止めるため、ゼウスはヘルメスを冥界に遣わし、ペルセポネを救出させようとしますが、ハデスは一計を案じ、彼女が冥界を去る前にザクロの実を食べさせ、二人の婚姻関係を永続的にしました。ゼウスはふたたびハデスと話し合い、結局ペルセポネは一年の三分の一をハデスのもとで過ごすことになりました。デメテルは自分を助けてくれた人びとに感謝し、穀物を贈りました。

GAIA
ガイア

Red goddess • Libra • Air

赤い女神・天秤座・風

KEY PHRASE

相手の弱点を探しなさい

カードの意味

ガイアのカードが出たら、あなたが自分の大切なものを守るために極端な行動をとることを示唆します。あなたの生みだしたものが他人に受け入れてもらえず、それを守るために思いきった措置をとらざるをえないだろうというのです。最終的にあなたの極端な行動は、よい結果を生むでしょう。四人目の赤い女神ガイアは持続的な役割を担い、断固たる行動をとる前に状況の両面をよく見るよう求めています。

天秤座の風のエレメントの性質は、最終的に正しい決断をくだすために状況のよい点、悪い点をよく検討しようとします。リーディングでこのカードが出たら、質問に関しては十月が重要な月となるでしょう。

大地の女神ガイアは、あらゆる生命を生みだし維持する神。全権力をもつ女らしい姿で立っています。万物の母で、世界最古の神であるガイアは、右手にハスの杖を持っています。ハスの花は開閉を繰り返し、生命が永遠に再生を繰り返す要素を象徴しています。杖の先端にはクレセントムーンがつき、その上に水晶玉が浮かんでいます。水晶玉は、デルフォイの神託で人間の運命を予言するガイアのすぐれた能力を表します。若い植物が地面からうねるように芽吹き、彼女の髪に絡みついています。

カードの下には、風の星座の天秤座のマークと赤い女神の月マークがあります。

神話

地母神ガイアは、時《とき》が始まる以前から存在し、彼女が時間を生みました。つぎに宇宙を創造し、あとは人間をつくるだけでした。そこで息子のウラノスと交わり、最初の神族であるティタン族を男女六人ずつ、合わせて十二人生みました。つぎに生んだのは、一つ目の怪物キュクロプス、最後は三人の怪物ヘカトンケイレスでした。ヘカトンケイレスは、五十の頭と百本の腕を持つ恐ろしい怪物だったので、ウラノスは恐怖のあまり、すぐさま地中深くに閉じ込めてしまいました。

ガイアはヘカトンケイレスを失い最初は悲しみましたが、しだいに夫への怒りを募らせました。そしてティタン族の末息子クロノスと共謀し、寝ているウラノスを襲わせました。クロノスは父の性器を鎌《かま》で切り落とし、海に投げ捨てました。ウラノスの傷口から黒い血が大地にしたたり、血が落ちた場所からエリニュエスという怪物とトネリコの木のニンフたちメリアスが生まれました。アフロディーテ（ヴィーナス）は、そのとき海の白い泡から生まれました。

ほかの神々がオリュンポスで高い地位につくなか、ガイアは依然として権力を維持し、神々の尊敬を集めました。ガイアは結婚や病人の世話をつかさどり、デルフォイの神託所ですぐれた神託を授けました。デルフォイでは大地から不思議な霊気あるいは風が出て、それを吸った巫女が予言を口にしました。万物の母ガイアは、人間に愛らしい子どもやさまざまな大地の実りを与えました。

LILITH

リリス

Black goddess ◆ Scorpio ◆ Water

黒い女神・蠍座・水

KEY PHRASE

コントロールしなさい!

カードの意味

黒い女神リリスのカードが出たら、あなたはあらゆる困難を克服し、生き残るために断固たる行動をとらなければなりません。事態も人びとも、現在あなたに悪いイメージを抱きつつあるかもしれませんが、気にする必要はありません。自分の望みを叶えるために強い行動に出る覚悟を決めましょう。もはや傍観はできません。変化は避けられず、役に立たないものは捨て去らなければなりません。すべてを評価し直し、その価値を決めましょう。

一人目の黒い女神リリスは死と再生の役割を担い、蓄積された人生のごみを取り除き、新しいものを生みだすスペースをつくります。情熱的な蠍座の水のエレメントは、浄化する性質を持ち、あなたが実力を発揮するのにふさわしい仕事を要求します。リーディングでこのカードが出たら、質問に関しては十一月が重要な月となるでしょう。

翼のあるリリスが、両手を上げて立っています。左右の手には、シュメールの王権を表す輪と棒を持っています。みごとな裸体に強力な鉤爪の足をもつ鳥女の姿をし、娘である叡智《えいち》の鳥フクロウを連れています。伝統的に生と死と変身のシンボルであるヘビが、足元で身をくねらせています。ヘビはリリス自身。エデンの園でイブをそそのかしたのは彼女なのです。リリスはブラックムーンを背に立ち、ブラックムーンを象徴しています。彼女の髪からは実をつけた生命の樹が生え、人間の破滅を誘っています。脇にある剣は犠牲と根絶を意味し、剣の柄《つか》で燃えさかる球は、浄化と魂の進化を示唆します。

カードの下には、水の星座の蠍座のマークと黒い女神の月マークがあります。

神話

リリスの神格は、数多くの伝説や伝承が入り交じり、矛盾に満ちています。ユダヤ教の宗教文書によれば、リリスはアダムとともに神により創造されましたが、自分への服従を求めるアダムに反抗し、神聖な神の名を叫んで彼のもとから逃亡しました。アダムに孤独を訴えられた神はイブを創造し、これが〝人類の堕落〟とエデンからの追放を引き起こしました。

アダムはイブを責め、彼女と別れたあと、しばらくリリスと暮らし、ふたたびイブのもとに戻りました。リリスはアダムとの間に数多くの子どもを生み、彼らはみな悪霊になりました。アダムとイブが和解したあと、リリスは悪霊たちの女王の座につきました。悪霊の王サマエルの妻になった、あるいは伴侶は持たなかったという説もあります。悪霊の女王リリスは、生まれたばかりの赤ん坊を殺したといわれています。

中世の神秘主義や悪魔信仰の脚色を取り除くと、独立心を持つ最初の女性というリリスの姿が浮かび上がります。男性と対等の立場を求めた反抗的な女性像は、男性が支配的な古代社会ではとうてい受け入れられなかったため、リリスは悪霊の女王に仕立て上げられ、〝悪女〟の元型となりました。現代になってようやくリリスは、男性と対等で自由かつ独立心旺盛、創造的精神を持つ最初の女性として見直されるようになりました。

KALI
カーリー

Black goddess ◆ Sagittarius ◆ Fire

黒い女神・射手座・火

KEY PHRASE

戦えば、その代償を支払わなければならないしょう

カードの意味

カーリーのカードが出たら、成功を収めたければ、どんなに反対されても断固として計画を推進すべきです。果敢な行動が求められています。がむしゃらに計画を続行しましょう。しかし、相手の敗北をほくそ笑んでいると、あなたの大切なものも失われることを忘れないでください。ほかの黒い女神たちと同様、まったくの無傷で問題を乗り越える解決策はないでしょう。リーディングでカーリーのカードが出たら、よい結果にならないことが、しばしばあります。カーリーは黒い女神のなかでもっとも過激で、死と再生の役割を担い、生き残りを脅かすと思われるものすべてを破壊しようとします。

ぶっきらぼうで冒険好きな性質を持つ射手座の火のエレメントは、どんな手段を講じても究極の真実を探し求めます。リーディングでこのカードが出たら、質問に関しては十二月が重要な月となるでしょう。

ヒンドゥー教の女神カーリーは、主神シバの残忍な妻で、カーリー・マー（黒い母）とも呼ばれます。眉間に血の滴《しずく》をつけ、片足でバランスをとりながら、厳格な面持ちで立っています。勝利に酔いしれて踊り狂い、大地を激しく揺らしています。肩から二本ずつ腕が生え、合計四本の腕があります。ひとつの手が持っている酒杯は、カーリーがアスラ神族の指揮官ラクタヴィージャの血を飲んだことを表します。別の手でナイフを、残り二つの手で倒した敵の生首を持っています。頭飾りにも多くの生首やヘビが飾られています。恐ろしい女神で、カーリーの青い肌と背後の血のように赤い空がコントラストをなしています。

カードの下には、火の星座の射手座のマークと黒い女神の月マークがあります。

伝説

カーリーは、シバ神の妻が持つさまざまな相のひとつです。この女神は容姿もさまざまで、パールバティという名では若く美しい女性で、愛や高尚な哲学について夫と語り合いました。恐ろしいカーリーの姿では、神々に敵対するアスラ神族の指揮官ラクタヴィージャと果敢に戦いました。強力な武器で何度も攻撃を加えましたが、ラクタヴィージャは血が滴り落ちた地面から何千もの分身をつくりました。カーリーは彼からしたたる血をすべて舐め取り、ついに敵を打ち負かしました。

カーリーが勝利に酔って踊り狂うと、大地が激しく揺れました。神々は踊りをやめさせるよう夫のシバ神に頼みましたが、カーリーは血と興奮に酔いしれ、シバを踏み殺してしまいました。狂気から覚めた彼女は、愕然としました。

恐ろしい見かけにもかかわらず、カーリーは崇拝され、信奉者を魅了しました。カーリーは創造と破壊、双方のエネルギーを体現します。カーリー崇拝は、性欲を抑制しようとするタントラ（経典）の実践と結びついています。

HECATE
ヘカテ

Black goddess ◆ Capricorn ◆ Earth

黒い女神・山羊座・地

KEY PHRASE

いまこのときを生きなさい

カードの意味

ヘカテは、三方向を同時に見る力を持っています。このカードが出たら、なにかがあなたを過去につなぎとめているため、あなたはいまを十分に楽しめず、未来へ前進するために積極的にも準備できないことを示唆します。過去のことは振り返り、追体験したら、その影響を洗い流し、それっきり心から片付けなければなりません。こうして悟ったことは、あなただけの胸の内に秘められるでしょう。ヘカテはこう告げています。過去は変えられない、あなたは現在に生き、いまできることをやらなければならない、そうすれば未来はおのずと拓けると。死と再生をつかさどる黒い女神ヘカテは、優先すべきことを整理するよう求めています。

山羊座の地のエレメントの几帳面な性質は、混乱状態を秩序立てようとします。リーディングでこのカードが出たら、質問に関しては一月が重要な月となるでしょう。

女神ヘカテが両手を上げて立っています。手にした硬貨は、ヘカテが魔術や知恵とともに人間に授ける富の象徴です。ヘカテは満ちゆくクレセントムーン、フルムーン、欠けゆくクレセントムーンという月の三相からなる頭飾りをしています。伝統的にヘカテは、女神の三相である処女、母親、老婆の三つの顔を持つ姿で表されます。背後のブラックムーンは、彼女が女王として支配する夜と大きな権力を持つ冥界の洞窟を表します。女神の両脇には、つねに群れで連れているお供の犬がいます。犬は彼女の聖獣です。ヘカテはかつて〝月の犬〟とよばれ、おおいぬ座のシリウスと関連がありました。

カードの下には、地の星座の山羊座のマークと黒い女神の月マークがあります。

神話

ヘカテは月の女神ですが、冥界の主要な女神の一人でもあります。地上と天界で強力な力を有し、富と知恵と勝利を信奉者に授けます。古代の文献では、夜の女神ニュクスの娘でしたが、その後、ゼウスとヘラの娘とされました。

ヘカテは母ヘラの口紅の壺を盗み、ゼウスの愛人エウロペに与えました。ヘカテは母の怒りを逃れて地上に下り、出産中の女性の家に泊まりました。ヘカテは産婆の守護神ですが、この出産により穢《けが》れたとされ、穢れを取り除くためカベイロスに冥界へと連れていかれ、アケロンの河で沐浴し、それからは冥界で暮らしました。聖獣の犬の群れを連れ歩き、お気に入りの場所である三叉路《さんさろ》でよく人間の前に姿を現しました。

ヘカテは人里離れた暗い場所が好きなので、不穏な場所を旅するときは旅人の守護神として祈りを捧げられました。ふつうは三つの顔を持つ姿で描かれ、これはヘカテがさまざまな三相――時の三相（過去、現在、未来）、命の三相（誕生、人生、死）、世界の三相（天界、地上、冥界）、女性の三相（娘、妻、未亡人）の謎を見通せることを表します。

FREYA
フレイア

Black goddess • Aquarius • Air

黒い女神・水瓶座・風

KEY PHRASE

王子様を見つけるには、カエルの二匹や三匹にキスしなければなりません

カードの意味

このカードが出たら、フレイアがほしいものを手に入れるためなら体を売ることも辞さなかったように、あなたも覚悟を決めましょう。また、望みどおりの結果を出すには基準を下げる必要があることも示唆しています。フレイアは物質主義的な女神で、望みの品から得られる喜びのほうが、それを入手するための苦労をはるかに凌いでいました。四人目の黒い女神フレイアは、死と再生の役割を通じて革新的な考え方を支持し、時代遅れの考えを打破しようとします。

既成概念にとらわれない考え方をする水瓶座の風のエレメントは、機転や発明の才を使って望みを叶えることを示しています。リーディングでこのカードが出たら、質問に関しては二月が重要な月となるでしょう。

北欧神話の美しい女神フレイアが、深い草むらでひざまずき、休息しています。若葉の絡みついた髪は、不思議な羽根の羽衣《はごろも》へと変化しています。フレイアはこの羽衣で天と地の間を飛ぶことができます。宝石が散りばめられた金の首飾りをかけ、愛と戦いの女神を象徴する短剣を腰に差しています。

カードの下には、風の星座の水瓶座のマークと黒い女神の月マークがあります。

神話

北欧神話では、オーロラは美しい女神フレイアと関連づけられています。フレイアはセックスと豊穣の女神であり、戦いと富の女神でもあります。海神ニョルズの娘で、フレイの妹。オーズあるいはオーディンの妻で、彼との間に二人の娘フノスとゲルセミをもうけました。

フォールクヴァングという豪華な宮殿で暮らし、戦死者をオーディンと分け合う権利を持ち、彼とともに戦場に赴いては、戦死者の半分を自分の宮殿に運んでもてなしました。戦士した英雄の残り半分はオーディンのもので、彼の宮殿ワルハラに運ばれました。ワルキューレたちの指揮官であるフレイアは、ワルハラでオーディンの英雄たちに酒を注《つ》ぐこともありました。

フレイアは、ブリシンガメンという貴重な首飾りを持っていました。彼女の宮殿近くの岩屋に、すぐれた金属細工の腕をもつ四人の小人たちが住んでいました。ある日、彼らの鍛冶場を訪れたフレイアは、宝石が散りばめられた、それはみごとな黄金の首飾りを目にし、買い取りを申し出ました。しかし、小人たちはフレイアが小人一人ずつと一夜をともにすれば、首飾りを譲ると言いました。どうしても首飾りがほしい彼女はその取引に応じ、首飾りを手に入れました。そのことを知ったオーディンは、ロキに首飾りを盗ませました。フレイアはオーディンに抗議したものの逆にとがめられ、首飾りを返す条件として、二人の王に戦争をさせ、毎日その日の終わりに戦死者たちを復活させ、永遠に戦いあわせることを命じられました。彼女はそれに応じ、首飾りを取り戻しました。

フレイアは、不思議な羽根の羽衣で空を飛ぶことができました。猫の引く戦車に乗っていました。魔術を操ることもでき、アスガルドに来たときに魔法の呪文や薬を神々に教えました。

月宿カード

「月は、二十八日間かけて黄道十二宮を一周しているように見えます。そのためインドの賢人や古代の占星術師たちは、月に二十八の宿《しゅく》を与えました。この二十八の月宿には、さまざまな古代の叡智が秘められています。賢人たちはその叡智を用い、月のサイクル下にあるあらゆることに奇跡をもたらしました。また、それぞれの月宿には特有の現象やイメージ、兆候、霊的存在があると考え、それらに基づきさまざまな手法で占いました」

フランシス・バレット『The Magus（魔術師）』（1801年）

VOLCANO

火山

From 00.00 Aries to 12.51 Aries ◆ Ruled by Mars and the Sun

牡羊座 00.00 〜 牡羊座 12.51 ◆ 支配星：火星・太陽

灰色の人物が、原始的生物が埋め込まれた壇の上で短距離ランナーがスタートするときのような姿勢でひざをついています。首につけた儀式用の首飾りは、隷属または権力を表します。日食の光輪は、ブラックムーンの背後にいる全能の存在を示唆します。背景には、不気味な暗い火山があり、火山の炎がこの人物の火のような髪と一体化しています。光る球状の木の枝は、フルムーンの到来を暗示しています。

© **月宿名「アルマク」** 伝統的に月が第一の月宿に位置するときは、愛または憎しみの呪文を唱えるとよいとされました。この月宿は対立する力や感情のあらしを象徴し、日常生活では口論という形で表れます。

KEY PHRASE

力を蓄積する

カードの意味

月が牡羊座を移動し、第１・第２デカン（10度区分）の支配星である火星と太陽とふれあいます。牡羊座のこの二つの惑星はきわめて創造的で、始まりのパワーにあふれています。このカードはインスピレーション、自発性、無謀さを意味し、いますぐ行動を起こし、これ以上抑えられない力を発散したいという欲求を示しています。過激な行動や短気を表すカードです。

第１の月宿は火のように熱く、創造的な衝動にあふれています。いまは休止状態ですが、やがて火山のように噴火するエネルギーを蓄積している段階です。

Musician
音楽家

From 12.51 Aries to 25.43 Aries ◆ Ruled by the Sun and Jupiter

牡羊座 12.51 〜 牡羊座 25.43 ◆ 支配星：太陽・木星

太陽の色をした長い髪の若い女性が、左手にビオラを持っています。ピンクの花と緑の葉の飾りを身体に飾り、髪にもつけています。後ろを振り返りながら、明るい砂の斜面を走っています。開いた楽譜が静かに足元へ落ちていき、遠くでは鳥の群れが日の光を受けて飛んでいます。女性の肌の色は、若い植物の色である薄緑色で、繊細な新芽が力強く創造的な太陽に向かって伸びることを象徴しています。

© **月宿名「アルボサイム」** 伝統的に月が第二の月宿にあるときは、泉や財宝を探すためのペンタクル（五芒星）をつくるのに最適とされました。

KEY PHRASE

格好の機会、高い創造性

カードの意味

牡羊座の第２デカンと第３デカンで太陽と木星が結びつき、獅子座と射手座という二つの活動宮の好ましい組み合わせとなっています。このカードは、チャンスがある——いままさに機が熟していることや、どんな望みやプロジェクトでも他人を説得しインスピレーションを与えられることを表しています。創造性の広がりと表現のしやすさを示唆し、プロの音楽家が楽器を奏でるように楽々と自己表現ができるでしょう。

リーディングでこのカードが出たら、あなたには質問した事柄に対処するあらゆる能力が備わっています。

PALACE
宮殿

From 25.43 Aries to 08.34 Taurus ◆ Ruled by Jupiter and Venus

牡羊座 25.43 〜 牡牛座 8.34 ◆ 支配星：木星・金星

執念深そうな顔をした女性が、催眠術にかかっているかのようにじっとこちらを見つめています。柿色のかつらのような奇妙な頭飾りをかぶり、紫色の紐で頭にくくりつけています。かつらの上には、細部まで左右対称な象牙色の小さな宮殿がのっています。宮殿の城壁の左右には、赤い花を咲かせた二本の木が生えています。巨大な頭飾りの後ろには、大きな丸いブラックムーンがあります。女性の両肩からは、青いブドウの房が垂れ下がっています。

© **月宿名「アスコリハ」** 伝統的に月が第三の月宿にいるときは、航海や錬金術のまじないに最適とされました。

KEY PHRASE

勝手気まま、自己顕示

カードの意味

おおらかな木星が快楽好きの金星を刺激するので、人生の楽しみをとことん味わい、快楽主義的な生活を享受したくなります。第3の月宿は世俗的な地の星座である牡牛座に移動し、木星が金星を極端な行動へと駆り立てます。

リーディングでこのカードが出たら、誇張気味になったり、快楽にふけりがちになったりし、自分の楽しみを他人に見せつけたいと思います。このカードは、軽率な浪費、目立つための大盤振る舞い、他人に好印象を与えたいという願望も意味します。

STONE

石

From 08.34 Taurus to 21.26 Taurus ◆ Ruled by Mercury and Saturn

牡牛座 8.34 〜 牡牛座 21.26 ◆ 支配星：水星・土星

四段の階段が、左右に翼棟をもつ質素で堅固な大きな建物へと続いています。この建物は、大きな石板の一部であり、石板には奇妙な記号が刻まれています。この記号は身近な家族の秘密や伝統を表します。王冠をかぶった長い金髪の女性が、石板の上に身をかがめています。文字が書かれた紙のような服を着て、石板を抱きかかえるように両腕をその脇に垂らしています。

© **月宿名「アルデバラン」** 伝統的にこの月宿では、建物の破壊や家族間の不和が生じやすいとされました。

KEY PHRASE

慣れ親しんだものに固執する

カードの意味

牡牛座における水星と土星の組み合わせは、財産に対する真剣な態度を表します。土星は伝統的に先祖、家庭環境および財産の安全を意味します。物欲や所有欲がきわめて強い月宿です。

リーディングでこのカードが出たら、あなたが自分の所有物と見なすもの、たとえば家業や家族の強い伝統に対し、頑固で旧態依然とした態度をとっていることを意味します。そのこととなると融通が利かず、保守的な考え方を示し、いつも同じ方法しかとらないのです。

WHEEL
車輪

From 21.26 Taurus to 04.17 Gemini ◆ Ruled by Saturn and Mercury

牡牛座 21.26 ～ 双子座 4.17 ◆ 支配星：土星・水星

茶色の服を着た、じつによく似た二人の人物が向かいあって立っています。たがいに手を伸ばしていますが、相手の手には触れていません。二人の背後には、月が車輪として描かれています。車輪のスポークは兜をかぶった頭で、反時計回りに回っています。

☾ **月宿名「アルクサー」** 伝統的に月がこの月宿にあるときは、学者の研究や、才能や能力を発展させるのに最適とされました。

KEY PHRASE
よい人脈づくり

カードの意味

第５の月宿では、興奮しやすく頭が切れる双子座で、安全思考のまじめな土星がコミュニケーションの星である水星と結びつきます。その結果、土星は軽い水星の影響によりいつもほど厳格ではなくなると同時に水星の継続力を高めます。

リーディングでこのカードが出たら、あなたはよい人脈を築き、他人と協力して働くことで、ある事業の車輪を回しつづけることができます。あなたの努力を成功に導くには、相応の社会集団に加わり、有益な人脈を築くことが大切です。車輪は、権力ある地位にいる人物の許可や承諾を得ることをしばしば意味します。あなたにどんな人脈があり、その人がどれだけあなたを気に入っているかをこのカードは示唆しています。

Bridge

橋

From 04.17 Gemini to 17.08 Gemini ◆ Ruled by Mercury and Venus

双子座 4.17 〜 双子座 17.08 ◆ 支配星：水星・金星

短い髪と長い髪の裸の人物二人が、背中あわせに立っています。ふたりともかなり無理な体勢で身体を接触させ、橋を形づくっています。頭越しに手と手を合わせ、膝を曲げて足の裏も合わせています。二人の間にある大きな赤い鉢では、ハスが育って花を咲かせ、実をつけています。二人の背後には、珍しい青い月があります。

© **月宿名「アサイア」** 伝統的にアラビアでは、この月宿では病気の回復が遅れると信じられていました。また王族にとっては、都市を包囲したり復讐したりするのに最適な時期とされました。

KEY PHRASE

妥協の懸け橋、共通点を突然見いだす

カードの意味

水星と金星は、自己表現の方法がまったく異なります。この二つは対照的な考え方を象徴し、水星は軽快ですばやく多芸多才、金星は緩慢で所有欲が強く、社交的な点はどちらも同じです。こうした支配星をもつ第６の月宿は、意見やアイデアの違いを表します。カードの二人が触れあっているのは、こうした違いに橋をかけて共通の立場を見いだし、妥協点に到達できることを示唆しています。

月宿６は、和平のカード。リーディングでこのカードが出たら、これまで激しく対立していた状況に調和が訪れる可能性があります。

VISITOR
訪問者

From 17.08 Gemini to 00.00 Cancer ◆ Ruled by Venus and Uranus

双子座 17.08 ～ 蟹座 00.00 ◆ 支配星：金星・天王星

黄色いロングドレスを着た女性が、物憂げな顔で左側を見つめています。その隣には、不思議な緑色の女性がわたしたちのほうに顔を向け、最初の女性の左腕に親しげに触れています。二人とも、記号の模様が入った服を着ています。背後には黒い丘が見え、空にはフルムーンが浮かんでいます。

☾ **月宿名「アルジャラス」** 伝統的にこの月宿は、恋愛や友情をはぐくむのによいとされました。偉い人に気に入られるためにペンタクルを作ったり、呪文を唱えたりするのにも最適です。

KEY PHRASE
思いがけない人間関係

カードの意味

快楽好きの金星は人間関係の快適さや安心を意味し、落ち着きのない天王星は、突然の予期せぬできごとのためにわたしたちが慣れ親しんだ方法や習慣を手放すことを示唆します。この二つの惑星が組み合わさると、さまざまな思いがけないことが起こり、とりわけ人間関係において意外なことが起こります。

リーディングでこのカードが出たら、あなたの質問に関して新しい人付き合いや思いがけない人間関係が生まれるでしょう。じつに意外なところから、友情の手が差しのべられます。このカードは、あなたがふだんなら付き合わないタイプの人に関心を示すことも意味します。

KNIGHT
騎士

From 00.00 Cancer to 12.51 Cancer ◆ Ruled by the Moon and Pluto

蟹座 00.00 ～ 蟹座 12.51 ◆ 支配星：月・冥王星

美しい金髪の女性が子どもを胸に抱きしめ、じっとこちらを見つめています。女性は兜をかぶり、生命と活気を表す赤色のドレスと緑色のマントを身につけ、左手で短剣を握っています。頭の後ろには、赤黒い血の色をした月があります。

☾ **月宿名「アマスラ」**　伝統的にこの月宿は、家族や自分や他人の子どもにとって最適な時期とされました。また、だれかを虜《とりこ》にするための呪文を唱えるのにも適しています。

KEY PHRASE
保護本能

カードの意味

冥王星は変容と強力な力を表し、月はやさしさと思いやりにあふれ、はぐくみ保護する性質を持ちます。この二つが水の星座である蟹座で組み合わさると、わが子を守る動物の母親のような強い守護の力が生じます。強力な冥王星がやさしく感情的な月にパワーを与え、月はみずからが支配する蟹座でなら容易に本質を表現できます。

このカードは、必要とあらば、自分で身を守ることができない人を守るために戦わなければならないことを示唆します。リーディングでこのカードが出たら、あなたは自分の大切な人や理想をとても大事にするようになるでしょう。

PITCHER
水瓶

From 12.51 Cancer to 25.43 Cancer ◆ Ruled by Pluto and Neptune

蟹座 12.51 〜蟹座 25.43 ◆ 支配星：冥王星・海王星

女性の頭の形をした水瓶に豪華な装飾が施されています。女性の流れるような水色の髪は水の流れへと変わり、水瓶の両側にある器へと注いでいます。悲しげな顔をした二人の人物がこの器を持ち、たがいに背を向け、すわっています。

☾ **月宿名「アタルス」** 伝統的に中国では、この月宿は旅立ちに凶とされました。アラビアではこの月宿を〝アル・タルフ（凝視）〟とよび、この月宿生まれの人は愛想がよく、親切な性格だといわれました。

KEY PHRASE
他人を助ける

カードの意味

太陽から遠く離れた二つの惑星——強力な冥王星と優美な海王星がこの月宿で組み合わさると、とてつもない想像力と感受性が生まれ、自分の信念や夢を世界中に広めたいという理想主義的な願望がわき起こります。この月宿は、困っている人に対する思いやりと積極的な援助を示唆します。

リーディングでこのカードが出たら、あなたはまわりの人が必要としていることを感じとり、親身になって援助できます。このカードは、他人の気持ちや状況にすぐに共感し、積極的に手助けできることを意味します。

FOUNTAIN
噴水

From 25.43 Cancer to 08.34 Leo ◆ Ruled by Neptune and the Sun

蟹座 25.43 〜 獅子座 8.34 ◆ 支配星：海王星・太陽

英雄のようなりりしい女性が、冷たい噴水が湧き出る壺から姿を現し、淡青色の流れる水を浴びています。女性の髪はウェーブのかかった赤茶色で、頭にかぶった翼のある兜は、想像力が翼を広げて飛びたち、天の高みに達することを象徴しています。女性は自信に満ちた穏やかな様子で、カードからわたしたちを見つめています。彼女の背後には、太陽のようなフルムーンがあります。

© **月宿名「アルゲルバ」** 伝統的にこの月宿は、建物を強固にする、愛や思いやりの心をはぐくむ、敵を打ち破るのを助けるといわれました。アラビアでは、恋愛や職業的な事柄に最適な時期とされました。

KEY PHRASE

あなたの才能を分け与える

カードの意味

太陽は活発な創造性を象徴し、海王星は想像力が広がり、壮大なビジョンが描けることを意味します。このカードは、あなたの創造性が自他ともに認められ、突如として想像力が沸き起こることを示唆します。

リーディングでこのカードが出たら、自分の才能に対する責任を受け入れ、自分や他人のためにそれを活かさなければなりません。みずからの多彩な能力を認め、それが他人にも価値あることだと信じましょう。

FORTUNA

フォルトゥーナ（運命の女神）

From 08.34 Leo to 21.26 Leo ◆ Ruled by the Sun and Jupiter

獅子座 8.34 ～ 獅子座 21.26 ◆ 支配星：太陽・木星

花模様の青いドレスを着た若い女性が、葉の生えた木を背に座っています。両手を広げ、飛んできた青い鳥のくちばしから金貨を受け取ろうとしています。女性の前には、たくさんの金貨が降っています。背後の黄色い空には、淡赤色の月が輝いています。

© **月宿名「アゾブレ」** 伝統的にこの月宿は、航海や、囚人が脱走できる呪文を唱えるのによい時期とされました。この月宿生まれの人は、理想主義的な傾向や高尚な趣味を持つと考えられていました。

KEY PHRASE

このうえない幸運

カードの意味

太陽と木星という調和のとれた組み合わせは、類まれな幸運を意味します。金貨は太陽を表し、青い鳥は伝統的に木星の色。金貨は幸運全般を象徴し、かならずしも金銭的な利益ではありません。木星は人生を発展させ、太陽は創造力を表します。みずからが支配する寛大な獅子座に太陽が位置しているので、このカードはすばらしいチャンスを示唆します。

このカードは、裕福な家庭に生まれ、いずれ多額の遺産を相続することをしばしば表します。あるいは、あなたは生来なんらかの才能に恵まれているか、そういう人と知り合いになるでしょう。

THE FALL
転落

From 21.26 Leo to 04.17 Virgo ◆ Ruled by Mars and Mercury

獅子座 21.26 ～ 乙女座 4.17 ◆ 支配星：火星・水星

若い女性が行く手も見ずに走っています。突堤の端に近づき、いまにも海に落ちそうです。後ろでは、二人の人物が建物の前で女性に手を振り、大声で警告しています。暗い空には赤い月があり、遠くには黒い丘が見えます。

☾ **月宿名「アルザルファ」** 伝統的にこの月宿は、従業員やサラリーマンなど人の下で働く人によい時期とされました。囚人の運命を向上させるための呪文を唱えるのにも最適な時期でした。

KEY PHRASE

再出発が必要

カードの意味

水星は機敏で思考が鋭く、火星はエネルギッシュで衝動的――この二つの組み合わせにより、すぐれた才能を発揮したり、無謀な行動をとったりします。完璧主義の乙女座が抑制作用を及ぼした結果、自分の行動や決定を考え直したいという衝動が起こります。

リーディングでこのカードが出たら、あなたは無謀なことがしたいという衝動と慎重にならなければならないという意識の葛藤に直面しています。衝動的に行動する直前か、そうした直後にあなたは疑問を抱くでしょう。アイデアを練り直し、最初からやり直す必要がありそうです。このカードは、なんらかの形で間違った決断を下したものの、失敗を改める時間がまだあることを知らせています。

ALTAR
祭壇

From 04.17 Virgo to 17.08 Virgo ◆ Ruled by Mercury and Saturn

乙女座 4.17 〜 乙女座 17.08 ◆ 支配星：水星・土星

黒雲のような髪型をした、いかめしい顔つきの女性が、絶望したように両手を上げています。女性の前には不思議な祭壇があり、四大エレメントの火、地、風、水を表すものが置かれています。女性の手首のまわりとその背後には、小さなピンク色の雲が浮かんでいます。

☾ **月宿名「アラルマ」** 伝統的にこの月宿は、お金の扱い方に長けているとされ、この月宿生まれの人は、金銭的な能力が高いといわれました。

KEY PHRASE

他人の期待に応える

カードの意味

几帳面で規律正しい乙女座における水星と土星の組み合わせは、従来どおりの見解を表し、なんとしても現状を維持しようとすることを意味します。古くて立派な土星は、他人の考えに対する懸念を表し、水星のポジティブな考えに深刻で悲観的な傾向を与えます。 祭壇は、習慣化した考え方を示唆します。

この月宿は否定的な雰囲気をもちますが、小さなピンク色の雲が現在の暗澹《あんたん》たる状況から肯定的な可能性や希望が得られることを暗示しています。 あなたはまだそれに気づいていないだけです。リーディングでこのカードが出たら、あなたが他人の期待どおりに振る舞うよう強いられていることも意味します。

SCEPTRE
笏《しゃく》

From 17.08 Virgo to 00.00 Libra ◆ Ruled by Saturn and Venus

乙女座 17.08 〜 天秤座 00.00 ◆ 支配星：土星・金星

古代エジプト風の人物が、頂上が平らなピラミッドの上に立っています。ピラミッドのなかには二つの塔があり、ピラミッドの両脇には曲がりくねった木が生えています。人物は右手で水晶の球、左手で笏を持っています。どちらも権威と神秘的な力のシンボルです。人物の背後では、フルムーンが光り輝いています。

© **月宿名「アジメル」** 伝統的にこの月宿では、占いの研究を進めたり、透視やタロットなどをおこなったりするのによいとされました。この月宿生まれの人は、思慮深く分析能力が高いといわれました。

KEY PHRASE

注目される地位につきたい

カードの意味

この月宿における土星と金星の組み合わせは、激しい野心と人生の責任ある立場を獲得したいという欲望を生みだします。金星と土星はどちらも所有欲の強い惑星で、物質的利益や功績と関係があります。この二つがこの月宿の乙女座で結びつくことで、完璧主義の要素も加わります。

リーディングでこのカードが出たら、あなたはいまの社会的身分以上になりたいと思っています。他人からの承認と尊敬を熱望し、社会の中心人物としてみられたいと思っています。そのような立場を獲得するには、すぐれた計画性や将来への深慮が大いに必要だとこのカードは告げています。

BOUQUET
花束

From 00.00 Libra to 12.51 Libra ◆ Ruled by Venus and Uranus

天秤座 00.00 〜 天秤座 12.51 ◆ 支配星：金星・天王星

若い恋人たちが椅子にすわり、抱き合っています。娘は長い金髪にバラの花を差しています。二人の右側にあるバラの木が深紅の花を咲かせ、二人のまわりにはバラの花が降り注いでいます。空は、春の新芽の色である淡い緑色です。二人の後ろには、オレンジ色のフルムーンが見えます。

☾ **月宿名「アルガリア」** 伝統的にこの月宿は、家族関係などの人間関係には好ましくないとされました。その一方、財宝を発見するチャンスが高まるといわれ、そのための呪文を唱えるのに最適でした。

KEY PHRASE

許されない情事または関係

カードの意味

友好的な天秤座は人間関係をつかさどり、金星としばしば衝撃的な天王星の組み合わせは、予期せぬ恋愛や不倫、許されない関係を引き起こします。あなたに心当たりがあってもなくても、これはまぎれもなく恋愛のカードです。

リーディングでこのカードが出たら、あなたやリーディングの相手は、抑えきれないほど激しい突然の恋愛感情を味わっています。このカードは、意外ながらも結果的に長く続く関係、あるいは短期間の不倫、後悔する情事という形で表れます。だれかと出会って思いがけず胸のときめきや熱情をおぼえ、型どおりの感情から脱却する状況を示唆しています。

Door

扉

From 12.51 Libra to 25.43 Libra ◆ Ruled by Uranus and Mercury

天秤座 12.51 ～ 天秤座 25.43 ◆ 支配星：天王星・水星

女性が部屋のなかで開いた戸口に立っています。そのわきでは、飾りのある鉢から生えた背の高い植物が、赤い花を咲かせています。扉の外では、宮殿へと階段が続き、その背後には、暗い丘陵が広がっています。薄黄色の月に淡い雲がかかっています。

☾ **月宿名「アルシベネ」** 伝統的にこの月宿は、結婚には不向きとされ、家庭内の口論を引き起こすとされました。カバリスト（神秘主義者）はこの月宿を〝アイアー（救い）〟とよび、自由意志を高める力があると信じていました。

KEY PHRASE

突然の決定、またはあらたなチャンス

カードの意味

天王星が水星を刺激して、新しいタイプの考えや既成概念にとらわれない思考を促し、すばらしいひらめきをもたらします。このカードは、だれもが驚くようなすばらしいコンセプトを考えつき、慣れ親しんだ古い考え方から脱却できることを示唆します。カードに描かれた植物は、ずっと同じやり方で過ごしてきた時間を象徴しています。開いた扉が、チャンスへと導いてくれます。

リーディングでこのカードが出たら、安全で確立した方法や熟知した状況を継続するか、それとも大きな可能性を秘めているようだが、結果は未知数である新しいものを試すか、重大な決断を下すことになりそうです。人生を前進させるには、扉の外に出ていかなければなりません。

SWORD

剣

From 25.43 Libra to 08.34 Scorpio ◆ Ruled by Mercury and Pluto

天秤座 25.43 〜 蠍座 8.34 ◆ 支配星：水星・冥王星

直立する女性の両側で、剣が一本ずつ刃先でバランスをとり立っています。剣の柄《つか》はクレセントムーンで、刃にはヘビがからみつき、その舌は女性の腕に巻きついています。女性はアーチ型の兜をかぶっています。アーチの左下には羽毛、右下にはハートがあります。

☾ **月宿名「アルキル」** 伝統的にこの月宿は、不運を逆転させる、愛情を長く変わらぬものにする、建物を堅固にするといわれています。中国ではこの月宿を〝尾宿〟とよび、この月宿生まれの人は一生涯、誹謗中傷に気をつけるようにいわれました。

KEY PHRASE

復讐を考える、訴訟

カードの意味

強力な冥王星が、みずからが支配する蠍座においておおらかな水星を刺激し、極端な精神活動へと駆り立てます。この月宿では、理想や改革のために行動を起こしたいという激しい欲求が生じます。これは、正義を求めるカードです。強力な冥王星の影響により、過去の不正に対する復讐心もわき起こります。

リーディングでこのカードが出たら、あなたはなにかを不公平だと感じていて、状況を改善するために行動を起こす必要があります。 カードに描かれたヘビの舌は活発な討論を意味するので、問題の事柄に関し、きっと激しい議論が起こるでしょう。

SACRIFICE
犠牲

From 08.34 Scorpio to 21.26 Scorpio ◆ Ruled by Pluto and Neptune

蠍座 8.34 〜 蠍座 21.26 ◆ 支配星：冥王星・海王星

裸の女性が模様入りの青いクッションにすわり、疲れた様子で右手を額にあて、じっと空を見上げています。背後には落葉した木があり、木のシルエットが赤い空に映し出されています。大きな丸いブラックムーンが浮かんでいます。女性の左手から、赤い花と葉のついた枝が紫色の地面へと落ちていきます。

☾ **月宿名「アルカルブ」**　伝統的にこの月宿では不和や反乱が生じ、王族や要人に対する陰謀が企てられるとされ、敵の復讐も暗示されました。中国では、この月宿のときに始めた事業はけっして期待どおりの成果を上げないといわれました。

KEY PHRASE

犠牲、または極端な感情

カードの意味

冥王星の情熱と海王星の思いやりが組み合わさり、すばらしい無私無欲の行動が引き起こされます。このカードは、あなたがなんらかの活動に極端にのめり込むことを意味します。カードに描かれた女性の裸の状態は、誠実さとすべてを捧げることを象徴しています。赤い花は、彼女の最後の所有物、すなわち愛を表します。

リーディングでこのカードが出たら、あなたはある信念やだれかのためにすべてをなげうつ覚悟ができています。あなたはこの問題に関して誠実さを最優先させ、けっして考えを変えないでしょう。

Two Paths

二つの道

From 21.26 Scorpio to 04.17 Sagittarius ◆ Ruled by the Moon and Jupiter

蠍座 21.26 〜 射手座 4.17 ◆ 支配星：月・木星

赤く長い髪の女性が、落ち着きのない馬にまたがり、旅に出ようとしています。女性は、印象的なジグザグ模様の青いロングドレスを着ています。馬の足元にある二つの道は、はるか彼方まで続いています。黒い丘がピンク色の空にくっきりと浮かび上がり、大きな黄色いフルムーンが馬と女性を照らしています。

☾ **月宿名「アクサラ」** 伝統的にこの月宿は、都市を包囲したり、だれかを故郷から追放したりするのに適しているといわれました。アラビアではこの月宿生まれの人は、自分のアイデアを発展させ、狩猟の道で成功を収めるいっぽう、営利企業を維持したり、住所を定めたりするのに苦労するとされました。

KEY PHRASE

楽観的な旅の始まり、興奮

カードの意味

蠍座と射手座は大の冒険好き。この蠍座の第３デカンと射手座の第１デカンを支配する月と木星は、精神的または肉体的なはるかな長い旅を示唆します。その旅の始まりでは、どきどきするような興奮を味わうでしょう。

リーディングでこのカードが出たら、あなたは重要な決断を下し、二つの選択肢から選んだ一つに専念しなければならないでしょう。どちらの道も同じ方向に進むように見えますが、たしかなことはわかりません。思いきって、旅の一歩を踏み出しましょう。

PRECIPICE
崖

From 04.17 Sagittarius to 17.08 Sagittarius ◆ Ruled by Jupiter and Mars

射手座 4.17 ～ 射手座 17.08 ◆ 支配星：木星・火星

青い翼をつけたイカロスが、金髪の頭に赤い帯を巻き、断固たる表情で崖から飛び出そうとしています。頭上では、薄黄色の月が太陽のように輝いています。

©月宿名「アバナハヤ」 伝統的にこの月宿は、野獣を慣らし、監獄を堅固にするのに最適とされ、人をある場所へ急き立てると考えられていました。中国では、多少の損失のリスクはあるものの、取引を促すのによいとされました。

KEY PHRASE

性急な行動、無謀な決定

カードの意味

射手座における木星と火星の組み合わせは、衝動的で熱心な行動を促します。せっかちで衝動的な火星が、おおらかで楽観主義的な木星の影響で活気づけられ、限界までがんばります。これはギャンブラーのカードです。おそらくかなり重大なことに関し、深く考えもせず衝動的に無謀な決断を下すことを示唆しています。

リーディングでこのカードが出たら、あなたや質問に関する相手が、自分は絶対に間違いを犯さないと信じこんでいることを表します。このカードは、あなたが他人のアドバイスに耳も貸さず、未知の状況に飛びこもうとしていることを示しています。

DUEL
決闘

From 17.08 Sagittarius to 00.00 Capricorn ◆ Ruled by Mars and the Sun

射手座 17.08 〜 山羊座 00.00 ◆ 支配星：火星・太陽

似たような体格をした二人の男性が、相手を投げ飛ばそうと懸命に戦っています。腕と足でしっかり組み合い、実力はまさに互角です。赤い男性は火星、金色の男性は太陽を表します。遠くには、黒い丘陵がそびえています。

© **月宿名「アルベルダ」** 伝統的にこの月宿は、離婚の手続きを始めるのに適しているとされました。ヒンドゥー教の占星術では、この月宿は軍人や狩猟本能に好ましく、過剰な性欲を生じさせるといわれました。

KEY PHRASE

競争、対立する二つの意見の衝突

カードの意味

火星も太陽も、創造的な生命エネルギーと競争力の象徴。その二つが火の星座の射手座で戦っているので、頑固さと権威の衝突を示唆します。太陽は強力で支配的な父親、火星は親の言うことを聞かない外向的な息子です。二人とも自分が絶対に正しいと信じ、けっして屈服しないので、膠着《こうちゃく》状態になっています。

リーディングでこのカードが出たら、健全な攻撃性が刺激され、なにがなんでも勝ちたいという欲求が支配的になります。いまの状況では、降参するか、傷つくのを承知で戦うかのどちらかしかありません。カードの黒い丘陵は、未知の結果を意味します。

WEDDING
結婚

From 00.00 Capricorn to 12.51 Capricorn ◆ Ruled by Saturn and Venus

山羊座 00.00 ～ 山羊座 12.51 ◆ 支配星：土星・金星

オレンジ色の服を着た金髪の男女が、アーチ型の入口にある四角い台座の上に並んで立っています。身体の前でたがいに手を握りあい、背中で腕を組み、前方を向いています。生き生きとした植物が、アーチの両側に絡みついています。

© **月宿名「カアルダルバラ」** 伝統的にこの月宿は、不和の種をまく、あるいは友情をもたらすまじないのためのペンタクルをつくるのに最適とされました。アラビアでは個人の力の現れとされ、結婚には不適とされました。

KEY PHRASE

同調的な行動、体面を保つ

カードの意味

山羊座とその支配星の土星は、権威や伝統的な方法を意味します。金星は財産の獲得に関係があり、それにはあなた自身の才能や名声も含まれます。こうした組み合わせにより、社会で認められ、尊敬されたいという強い欲求が生まれます。このカードは、社会の命《めい》に従ってやるべきことをやるという考えを示します。

これは、恋愛や人間関係のカードではありません。ここでは、政略結婚や社会的に認められたことをするという意味で“結婚”という言葉が使われています。リーディングでこのカードが出たら、あなたは従来どおりの選択をするか、みんなの期待どおりに行動するでしょう。

CONFESSION
告白

From 12.51 Capricorn to 25.43 Capricorn ◆ Ruled by Venus and Mercury

山羊座 12.51 〜 山羊座 25.43 ◆ 支配星：金星・水星

赤い髪の女性と金髪の女性が椅子にすわって身を乗り出し、おしゃべりに夢中になっています。二人の間には鉢または壺があり、左右対称の形をした大きな植物が生えています。植物の葉は唇の形と色で、うわさ話を象徴しています。大きな緑色の植物の背後には巨大なブラックムーンがあります。

Ⓒ **月宿名「カアルデルボラブ」** 伝統的にこの月宿は、離婚、捕虜の釈放、病人の健康によいとされました。カバリストは、この月宿生まれの人は、他人のおかげで一定の成功を収められるものの、不和とねたみの人生を送ると考えました。

KEY PHRASE

秘密の会話、身の上相談役になる

カードの意味

金星はあなたの選択を表し、水星は思考プロセスや討論を示唆します。従順で信頼できる山羊座に月がいるので、金星と水星の組みあわせは、精神的な問題に関する真剣な秘密の話し合いを意味します。

リーディングでこのカードが出たら、あなたはなんらかのアドバイスを求められたり、答えを与えたりするでしょう。カードに描かれたブラックムーンは、まだ明かされていない重要なことを表します。それは長らく秘密にされてきたことですが、まもなくあなたに明かされるか、あなたが打ち明けることになるでしょう。このカードは、しばしばスキャンダルを暗示します。

Mask
仮面

From 25.43 Capricorn to 08.34 Aquarius ◆ Ruled by Mercury and Uranus

山羊座 25.43 〜 水瓶座 8.34 ◆ 支配星：水星・天王星

ウェーブのかかった茶色い髪をきちんと整え、模様入りのティアラを頭にのせた女性は、理想的な顔立ちをしていますが、妙に無表情です。眉間には、小さな赤い月が描かれています。唇はふっくらして官能的ですが、目は見えません。じつはこの顔は、美しい仮面なのです。

☾ **月宿名「カアダコト」** 伝統的にこの月宿は、権力者や尊敬される地位の人には好ましくない時期とされました。敵を支配する力を得るためのペンタクルを用意するのには適していました。カバリストは、この月宿では慎重に振る舞えば大丈夫だが、油断すれば幸運り取り逃すと考えました。

KEY PHRASE

だれかがなにかを隠している

カードの意味

水星と天王星の組み合わせにより、普段と違う突飛な考えや人を欺くような考えが浮かびます。また、山羊座と水瓶座は相入れません。山羊座が体面を保ちたがるのに対し、水瓶座は時代遅れの考え方を変え、新天地を切り開きたがります。この月宿では、普段と違う敵対的な話や思いがけない話が明かされます。

リーディングでこのカードが出たら、だれかが嘘をついています。その人は必死に幻想を保ちつづけ、事実とはまるで異なるなにかを隠しています。あなたはそれを知る必要があります。このカードは、まもなく事態が決着し、真実が暴露されることを示唆しています。ついに仮面が剥がれるでしょう。

Rebel
反逆者

From 08.34 Aquarius to 21.26 Aquarius ◆ Ruled by Uranus and Mercury

水瓶座 8.34 〜 水瓶座 21.26 ◆ 支配星：天王星・水星

不思議な人物が、重力のない宇宙空間で逆さまに浮かんでいます。不自然な体勢を不安がる様子もなく、穏やかな表情です。赤い髪が流れるように広がり、黄色いベールが腰に巻きついています。まわりには、四大エレメントを表す小さなシンボルが漂っています。

☾ **月宿名「カアルダ」** 伝統的にこの月宿生まれの人は、勇敢で頑固で、敵を打ち破る力があるといわれました。その一方、乱暴な変わり者で、常軌を逸した行動をとりがちだともされ、仕事はうまくいかないと考えられました。

KEY PHRASE

信念を主張する、突飛な行動

カードの意味

水瓶座における天王星と水星の組み合わせは、規則や伝統をほとんど気にかけない性質を生じさせます。時が経ちもはや役立たなくなった伝統的な考えや時代遅れの見方を刷新する必要があるとこのカードは告げています。進歩のために新しいものの見方や働き方を見つけることが大切です。

リーディングでこのカードが出たら、とてもすばらしい考え方から天才のひらめきが生じるかもしれません。また、自分の信念にひたすら没頭することも示唆します。他人にはどれだけ“危なっかしく”見えても、あなたは自分の立場が正しいと確信しています。目的を達成するには、普段のあなたらしくない行動をとる覚悟が必要です。

PRISONER
囚人

From 21.26 Aquarius to 04.17 Pisces ◆ Ruled by Venus and Neptune

水瓶座 21.26 ～ 魚座 4.17 ◆ 支配星：金星・海王星

長い金髪に青い花を飾った力強い女性が、リベット留めされた錆びた鉄の枠にはめられています。鉄の枠は、二つの金属の台座の上に置かれています。台座はそれぞれ階段状で、階段はカーテンのかかった入口へと続いています。入口からは光がもれています。

© **月宿名「アルガファルムス」** 伝統的にインドの占星術では、この月宿を財産には吉だが、幸運には凶とみなしました。この月宿生まれの人は、女性を自分の言いなりにできるといわれますが、強欲さに駆られてやさしい気持ちを抑えることが多いでしょう。

KEY PHRASE

状況からの逃げ道を探す、裏切り

カードの意味

思いやりのある海王星は、しばしば空想と現実が区別できません。金星のやさしさと組み合わさると、典型的な“犠牲者”となるおそれがありますが、これは現実というより想像にすぎないかもしれません。この月宿は精神・感情・身体的な拘束を象徴し、その原因はあなた自身か、だれかの裏切りによるものでしょう。

リーディングでこのカードが出たら、あなたはカードの女性のように自分で思っているほど囚《とら》われた状況にはなく、いつでもそこから逃げ出せます。カードの下にある開いた入口は、あなたに新しい道があることを示しています。

Guru
導師《グル》

From 04.17 Pisces to 17.08 Pisces ◆ Ruled by Neptune and the Moon

魚座 4.17 〜 魚座 17.08 ◆ 支配星：海王星・月

仏陀（ブッダ）らしき人物があぐらをかき、心静かに瞑想しながら宙に浮いています。顔には陰陽のシンボル、腰には超越のシンボルが描かれ、頭と肩からはエネルギーの波が発散されています。足元では、精神的な悟りを表す青い鳥が二羽飛んでいます。人物の背後には、赤い月の円盤があります。

☾ **月宿名「アルガルフェルムス」** 伝統的にこの月宿は、透視や超能力などスピリチュアルなこと全般によいとされました。その一方、プロジェクトの開始には適さず、かならず困難や遅延が伴うといわれました。

KEY PHRASE

インスピレーション、または逃避

カードの意味

もっともスピリチュアルな星座、魚座における、神秘的で感情的な月と向上心にあふれる海王星の組み合わせは、インスピレーションや現実逃避を表す場合があります。この惑星の組み合わせは、しばしば現実世界からの引きこもりを示し、それは薬の服用によるものかもしれません。この月宿は、空想と現実がしばし渾然一体となるきわめて高度な創造的発想を示唆します。

リーディングでこのカードが出たら、あなたはむずかしい状況から逃げ出したい、あるいは熟考するためにしばし休息がほしいと思っているでしょう。

Sleeper
眠る人

From 17.08 Pisces to 00.00 Aries ◆ Ruled by the Moon and Pluto

魚座 17.08 〜 牡羊座 00.00 ◆ 支配星：月・冥王星

穏やかで美しい顔つきの女性が、ムーンクリスタルを胸に置き、腕を組み、裸で眠っています。薄緑色の長い巻き毛が、曲がりくねった川のように広がり、そのまわりには水のしずくが垂れています。彼女は眠っている月なのです。

© **月宿名「アナクセ」** カバリストはこの月宿を〝オイアー（球）〟とよび、二重の影響があると考えました。この月宿生まれの人は、困難に満ちた人生をおくる運命にありながら、心のなかはつねに平穏であるといわれました。

KEY PHRASE
予感、疑念

カードの意味

魚座における月と冥王星の組み合わせは、ギリシア神話のペルセポネを象徴しています。ペルセポネは冥界の王ハデスにさらわれ、一年のある期間冥界で暮らさざるをえませんでした。このカードは、強い感情が閉じ込められて眠りにつき、やがて存分に表現できるときが来るのを待っていることを意味します。いまは、あらたなエネルギーを奮い起こし人生に立ち向かう前の休養と平静のとき。予感と洞察のときです。

このカードが出たら、なにかが始まりかけていても、休息のときが終わるまでは取り組めません。それでも、あなたが未来を思い描く力は、のちのち重要な役目を果たし、ものごとを成功へと導くでしょう。

リーディングの方法

リーディングを始める前に、心をゆったり落ち着けてください。自分のことで頭がいっぱいだったり、その日のできごとに気を取られたりしていては、だれかのために繊細で洞察力にあふれたリーディングをすることはできません。まず、少なくとも十分間は心地よくすわれる静かな場所を見つけます。自分の思考を心の最前面にもってきて、そのまま放っておきましょう。特定の瞑想やリラクゼーション法を使ったほうがよければ、それを使って心から雑念を追い払い、身体から緊張を取り除きます。

リーディングの前に準備の儀式をおこない、あなたの無意識をカードや月と結びつけることが重要です。儀式とは、いつもとすこし違うことをするため、慌ただしい日常生活のなかに時間をつくりだす方法のこと。あなたがこれからしようとすることに敬意を払っていることを明確にするためのもので、宗教や魔術とは無関係です。実際にわたしたちは日常生活のあらゆる面でこうした儀式をおこなっています。

たとえば、親友や家族のために準備した特別なディナーを始める前に、あなたは花を飾ったり照明を工夫したりして念入りに部屋の雰囲気を演出したり、テーブルをきれいに飾り、食器をコーディネートしたりするのではないでしょうか。あるいは、恋人とのロマンティックなデート前に香りのよいお風呂にゆったり浸かり、気分を盛り上げたりするのではないでしょうか。

一日のどの時間にリーディングをおこなうにしても、自分にあった準備の儀式を考え、つねにそれをおこなってください。たとえば、リーディングを始めようとするとき、空に月が出ていれば、外に出て月を見上げ、月とふれあい、月のパワーを取り込みましょう。あるいは月の形を思い浮かべながら、瞑想しましょう。月に見立てた白い小石を水の入った器に入れてテーブルに置き、質問したいことを念じながらじっと見つめてもよいでしょう。

スプレッド（展開法）の種類

カードを使ったリーディングにはさまざまな方法があり、伝統的なタロットのスプレッドもこのムーンオラクルに使えます。ここでは、三種類のムーンオラクルのスプレッドについて詳しく説明します。カードの扱いに慣れてくれば、ほかのスプレッドを思いつくこともあるかもしれません。実際、タロット占いをする人たちのように、カードの意味に詳しくなれば、自分の占い方に適した自分だけのスプレッドを考えたいと思うでしょう。

月相カードを使ってなにかをするタイミングを決める場合も、新しいスプレッドがつくれます（24～25ページ）。また、月相カード、月宿カード、月の女神カードの三枚だけでも、なにかをすばやく決めるのに役立つでしょう。リーディングで引いた月相カードを巻末の「月の運行表」で調べれば、最近その月相だったのはいつか、将来いつごろ同じ月相になるかを知ることができます。

基本十字

リーディング例にしたがい、左の図を見ながらカードを各位置に並べ、「基本十字」のスプレッドでの占い方を理解しましょう。

☆ 質問

二〇一六年三月二十五日、児童文学作家のサンドラがリーディングにやってきました。サンドラは、児童書の新シリーズの企画を出版社に提示しました。その企画は、人気を博した彼女の既刊書の登場人物をもとにしたものでしたが、出版社は企画を断り、エージェントに送り返してきました。サンドラはこの企画の売り込みを今後も続けるべきかどうか、知りたいと思っています。

カードの配置

リーディングをおこなったのは、二〇一六年三月二十五日。月の運行表によれば、この日の月相は、「風／天秤座のフルムーン」です。この月相カードを「1」の位置に置きます。これは、質問に関する現在の状況を表します。

つぎに質問を心のなかで唱えながら、月相カード、月宿カード、月の女神カードの各デッキをそれぞれ別々にシャッフルして、次のように並べます。

月相カードの一番上のカードをめくり、「2」の位置に置きます。これは、質問の背景を示します。このとき出たのは、「火のディセミネイティングムーン」です。

月宿カードの一番上のカードをめくり、「3」の位置に置きます。このカードは、つぎにすべきことを示唆します。このとき出たのは、月宿16「扉」です。

月宿カードの二枚目のカードをめくり、「4」の位置に置きます。これは結果を表します。このとき出たのは、月宿15「花束」です。

最後に月の女神カードの一番上のカードをめくり、「5」の位置に置きます。これは質問をした人がこの状況に対処するためにとるべき方法を示唆します。このとき出たのは、「リリス」です。

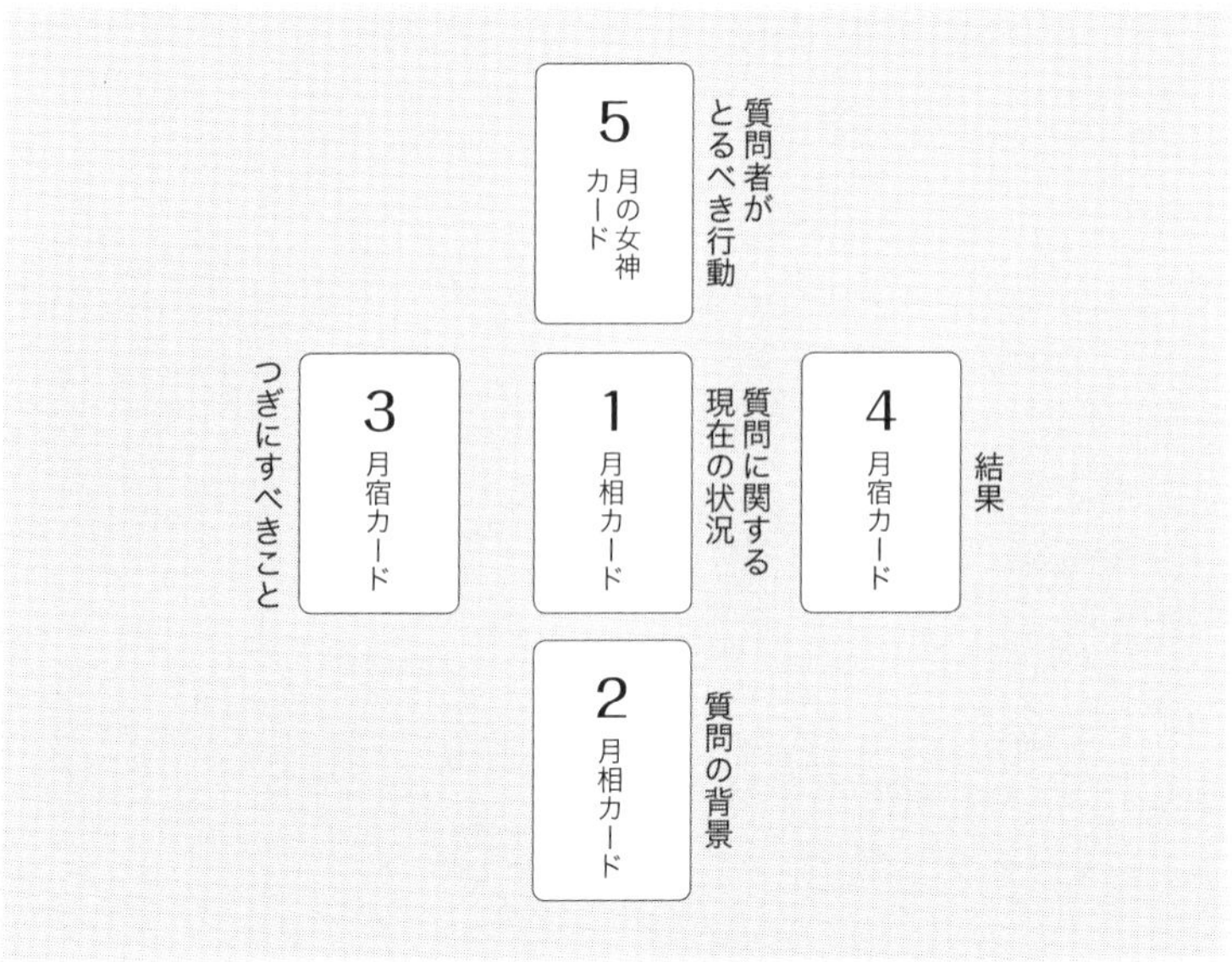

リーディング

1

最初のカード「風／天秤座のフルムーン」は、サンドラの質問にまさにふさわしいものです。「風」のエレメントはコミュニケーションに関することなので、本はまさにこの範疇《はんちゅう》です。「フルムーン」は、本の企画が最終的な発表段階になり、つい最近提示されたことを示唆します。「フルムーン」のカードは、成功を象徴する場合もありますが、今回はたんに企画が他人に提示されたことを意味します。月が天秤座にいるので、だれかほかの人物の関与が暗示されます。

　この月相は、協力関係の開花、あなたに好意的な判断、他人のサポートをしばしば示します。今回は企画が通らなかったので、このカードは、サンドラのエージェントが企画にはまだ売り込む価値があると考えていることを意味します。

2

「ディセミネイティングムーン」は、これまで手がけ

てきたことが発展することを意味します。「火」のエレメントなので、質問はサンドラの創造性に関わることです。このカードは、過去の業績を通じて自信が得られたことを表します。また、これまでの業績をさらに掘り下げ、発展させるのにふさわしい時期だと告げています。

3

この位置に出た月宿16「扉」は、サンドラが新しい考え方や既成概念にとらわれない発想で企画を練り直さなければならないことを示唆しています。ありふれた発想から脱却しなければなりません。「扉」は楽観的なカードで、企画にはまだチャンスがあることを暗示しています。先に進みたければ、戸口から外へ出ていかなければなりません。

4

月宿15「花束」が結果を表す位置に出たので、そのメッセージは明らかです。これは、予期せぬ愛を意味します。風のエレメントと本のシリーズに関する質問なので、このカードはだれかがサンドラの企画に惚れ込むことを意味します。おそらく思いがけないところから、しかも突然、本への熱烈なアプローチがあるでしょう。

5

「リリス」は、アダムの性差別主義的な拒絶を受け、悪評を立てられたにもかかわらず、生き抜いた女神です。サンドラがすべきことは、売り込みを続けるようエージェントに働きかけること。企画はすぐには通らないかもしれませんが、最終的には出版社が見つかるでしょう。

セブンシスターズ

リーディング例にしたがい、次ページの図を見ながらカードを各位置に並べ、「セブンシスターズ」のスプレッドでの占い方を理解しましょう。

☆ **質問**

美容師のダイアンは、さまざまな恋愛経験を経てピーターと出会い、激しい恋に落ちました。ピーターは大きなケータリング会社の重役で、既婚者ですが、妻と別居し、ひとりで暮らしていました。

二人は知り合ってからわずか数ヵ月で新しい生活をともに始め、ロンドン郊外に引っ越し、小さなレストランを開店しようと決意しました。大いに意気込んで辺《へん》鄙《ぴ》な場所にある古いバーを見つけ、すでに購入の打診もしています。ダイアンの質問は「わたしたちはうまくいくの？　それともどうかしているだけ？」です。

カードを並べる

このリーディングをしたのは、二〇一六年一月十四日午後三時十五分。月の運行表によれば、月相は「水／魚座のクレセントムーン」、キーワードは「直感」です。この月相カードを「1」の位置に置きます。これは、質問の性質を表します。

つぎに質問を心のなかで唱えながら、月相カード、月宿カード、月の女神カードの各デッキをそれぞれ別々にシャッフルし、次のように並べます。

月相カードの一番上のカードをめくり、「2」の位置に置きます。これは、過去を表します。このとき出たのは「火のファーストクオータームーン」、キーワードは「競争」です。

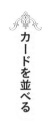

月相カードの次のカードをめくり、「3」の位置に置きます。これは未来を示します。このとき出たのは「風のギバウスムーン」、キーワードは「促進」です。

つぎに月宿カードのデッキから三枚をめくり、月相カードの上に一枚ずつ左から右へ、「4」「5」「6」の位置に並べます。この三枚は、質問の過去、現在、未来につ

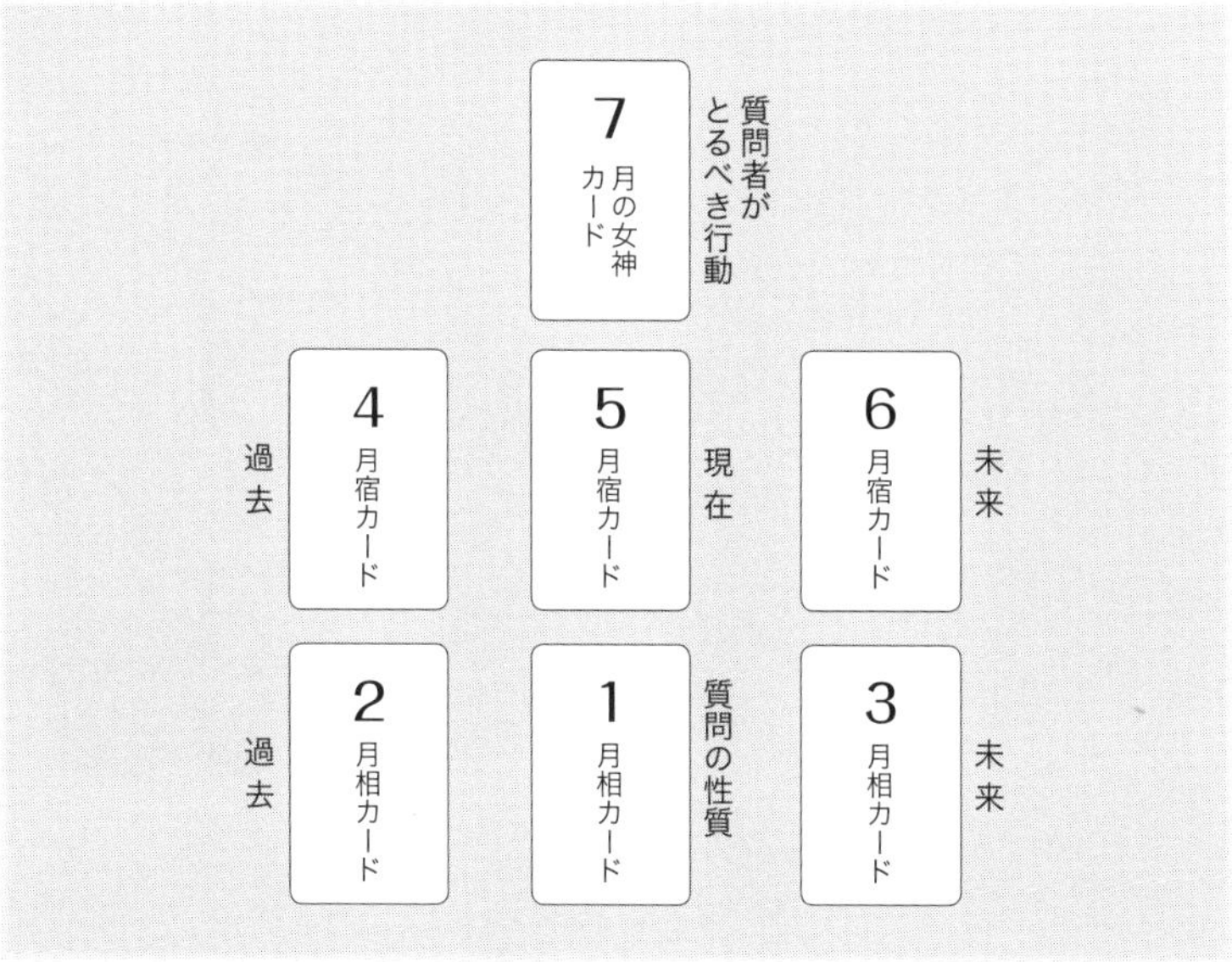

いてさらなる情報を与えます。このとき出たのは、過去の位置に月宿20「崖」、現在の位置に月宿8「騎士」、未来の位置に月宿18「犠牲」です。

最後に月の女神カードの一番上のカードをめくり、「7」の位置に置きます。これは質問した人がこの状況に対処するためにとるべき方法を示唆します。このとき出たのは、「イシュタル」です。

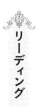

リーディング

1

「水のクレセントムーン」は、感情的なものごとの始まりを意味します。「魚座」は感情を理想化し、現実と空想をうまく区別できません。水の星座のなかでもっとも順応性が高いので、どれだけ譲歩しても感情的な関係を成長させようとするでしょう。

2

この位置に出た「火のファーストクオータームーン」は、強い感情が放出されたことを表します。月の運行表によれば、前回月が「火のファーストクオー

タームーン」にあったのは、二〇一五年九月二十一日。驚いたことにこれは、ダイアンとピーターの初デートから一日か二日後のことです。当時、月は射手座にいたので、ダイアンとピーターは前途に光を見ることができました。このカードのキーワードは「競争」で、これはおそらく恋人になったばかりの二人がおたがい相手に負けないほど情熱的で献身的になろうとしたことを示唆するのでしょう。

3

未来を表すカードは、「風のギバウスムーン」、キーワードは「促進」。ギバウスムーンはまもなくフルムーンを迎える月相なので、プロジェクトの成功に関してはたいてい明るい兆しです。つぎの「風のギバウスムーン」がいつなのかを月の運行表で調べてみると、リーディングの一週間後の一月二十日、月が双子座にいるときです。これはものごとを明かし、計画を表に出すときであることを意味します。アイデアが固まり、あとは全面的な承認を得るだけの段階です。

4

つぎに月宿カードを見ながら、リーディングをさらに掘り下げます。過去の月相カードの上に置いたのは、月宿20「崖」、ギャンブラーのカードです。これは、深く考えもせずにその場の思いつきで無謀な決定を下したことを表します。また、質問に関係する人が自分は過ちを犯さないという誤った信念を抱いていることも示唆します。つまり、ダイアンとピーターが知り合ったばかりで新事業を始めた、その性急さを強調しています。

5

現在の月相カードの上に置いたのは、月宿8「騎士」。わたしたちがなにを言おうとダイアンが計画を諦めないことを暗示します。この月宿は子煩悩で家庭的な星座、蟹座に位置し、自己正当化がきわめて激しいのです。

6

未来の月相カードの上に置いたのは、月宿18「犠牲」。このカードはよくも悪くも、無我夢中で目的に邁進することを示唆します。大きな犠牲を払わなければならず、数多くの重要なことを思案しなければなりません。ダイアンは自分の家を売却し、知

り合ってまだ日も浅く、数ヵ月間しか付き合っていない男性と共同で仕事を始めようとしています。ピーターはまだ正式には離婚していません。

7

月の女神「イシュタル」は、この戦いに挑むために裸の状態になる、つまり不要なものをすべて捨て、本質だけに専念しなさい、ほかのすべてを諦めなさいと告げています。ダイアンはそれでも最後は助けを求めなければならないかもしれません。質問に関しては三月が重要な月となるでしょう。

　このリーディングは、過去のできごとをほぼ正確に言い当てています。リスクを犯し、犠牲を払う必要がありますが、将来成功する可能性があります。未来を表す月相カードが「風のギバウスムーン」なので、二人の恋愛関係がどのような結果になろうとも、金銭的・法律的な事柄は万全でなければならないとわたしは感じました。そこですぐに弁護士に会い、二人が破局してもすべてを失わなくて済むよう、付随契約を作成することをダイアンに勧めました。

　リーディングから1週間後、ダイアンは弁護士から法律文書を受け取り、新事業における自分の財政的地位を確保しました。二〇一六年三月、物件に対する申し出が受け入れられ、二人は相変わらず意欲的に活動しています。

ケルト十字

これは、タロットのスプレッドのなかでもっとも伝統的なものですが、ムーンオラクルにも活用できます。「ケルト十字」では、月相カードと月宿カードを一緒にあわせ、よくシャッフルしてください。月の女神カードは、別にシャッフルしてください。

巻末の月の運行表で現在の月相を調べたら、その月相カードを探して抜き出し、「1」の位置に置きます。このカードは質問の性質を表します。

シャッフルした女神カードのデッキから、いちばん上のカードをめくり、「1」に交差するように「2」の位置に置きます。このカードは質問に対する女神の影響を示します。

それから、月相カードと月宿カードをあわせたデッキからさらに八枚のカードをめくり、図のように順番に並べていきます。

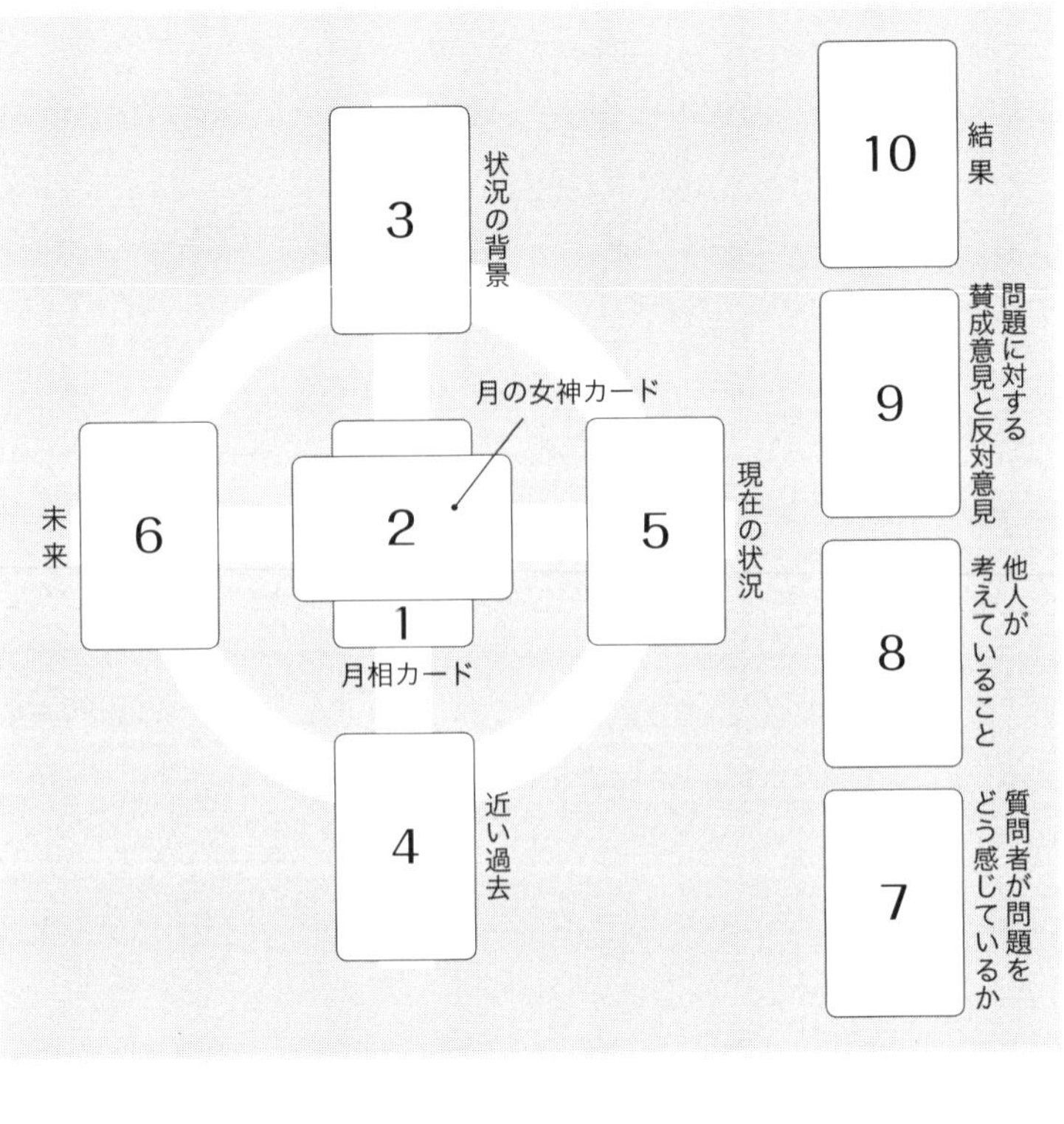

監訳者あとがき

いま、ちょっとしたオラクルカードのブームが起きているように思います。

なかなか書籍が売れなくなってきている時代のなかで占いのカードの売れ行きは堅調。ちょっと大きな書店をのぞけば、オーソドックスなタロットカードはもちろん、ニューエイジ的な思想を背景にもつオラクルカードや、ルノルマンカードに代表されるような、伝統的「カード占い」(カルトマンシー)をよみがえらせるようなものまで、カードを扱うコーナーができています。

タブレット全盛の電子の時代。だからこそ、実際に手で触れ、紙の感触を味わいながらリアルに神託を求めることができるカード占いにもう一度注目が集まっているような気もします。実際、占いの結果はどうあれ、ただ、紙を触っているだけで、落ち着くような気がするのは不思議です。

そのなかでも今回ご紹介するこの『幸運を引き寄せる 神秘のムーンオラクル』は、とてもユニークなカード占いのシステムです。

カード占いといえば、普通はただシャッフルして出たカードだけに結果を求めるもの。し

かし、この『ムーンオラクル』の大きな特徴は、実際の天体の動きを占いに取り入れていることです。

占星術には「ホラリー占星術」という技法があるのですが、これは生年月日ではなく、その人が占いをしようと思い立ったときの星の配置をもとに天宮図を作り、それをもとに占うというものなのです。このカードでは、あなたが真剣に問いかけたときの月の形（月相）を天文暦から調べ、天に反映されているあなたの問いへのヒントを調べるのです。さらに、それに加えてカードを実際に切り、オラクルを得ていきます。

つまりこれはカード占いと占星術の極めてユニークなフュージョンだということができるでしょう。

このカードを構成する「月相」「月宿」「女神」はいずれも、重要な月のシンボリズム。著者はそのイメージを拾い出しています。その解釈は、恣意的なチャネリングのようなものではなく、古い伝承や文献に基づく伝統的な内容をもとにしています。

僕自身もこの占いには新参者ですので、さっそく試してみました。

問いは「本書はどんな意味を持っていて、どのように日本で展開するか」。

このあとがきを書いているのは２０１８年10月４日20時30分。月は獅子座でラストク

オーターでした。

基本十字法で展開すると、

1…「火のラストクオータームーン」（落下・障害）
2…「地のギバウスムーン」（つぼみ・野心）
3…月宿6の「橋」
4…月宿11の「フォルトゥーナ」（運命の女神）
5…「ヘカテ」

獅子座のラストクオータームーンが今の問いの現状を示します。これはとてもユニークなカードですが、まったく新しいものですし、また著者も日本ではあまり知られていません。獅子座という「認知」を示す星座での「ラストクオータームーン」は、このカードセットを日本で広く知ってもらううえでの難しさを示しているように見えます。

問いの背景を示すのは「つぼみ」（地のギバウスムーン）。この企画は日本の版元さんからのご提案でした。幸い、これまでに出していただいたカードセットは堅調な動きを見せています。このようなチャレンジングなカードを出すためには、これまでの実績をベースにした野

心があったということでしょう。

そして3番目のカードは月宿6「橋」。この本が占星術とカード占いのよいところを融合したものであることを示しつつ、読者にいろいろなPRもして「架け橋」を作って行くべきであると言っているようです。

4は月宿11「フォルトゥーナ」。幸運の女神ですから、結果は幸運に恵まれるという読みが普通でしょうが、「フォルトゥーナ」が「幸運」「運命」であることを思い出すとその意味はより深いものに感じられます。というのは運命の女神は占いの女神でもあるからです。

そして最後に出た「ヘカテ」は暗い月の女神ですが、これは月のもつ妖しき魅力、そして普通の意識では見えない世界を見る力をも象徴します。月のオラクルにふさわしいものではありませんか。

月はあなたを見守ります。そしていいことも悪いことも、表も裏もすべてを包み込むのです。

この本とカードを手にされたあなたに月の祝福がありますように。

鏡リュウジ